토기장이

"우리는 진흙이요 주는 토기장이시니
우리는 다 주의 손으로 지으신 것이라"(이사야 64:8)

사랑이 위독하다

사랑이 위독하다

김겸섭 지음

도서출판 토기장이

| 추천의 글 |

삶의 자세를 바로잡고

'무슨 이야기를 하고 싶은 것일까?'
무심코 원고를 읽어 내려가다 자세를 바로잡았습니다. 저자는 시간 속을 바장이는 동안 우리 영혼에 슬그머니 내려앉은 누추함을 예리하게 보여 주며 '이제 어떻게 살겠느냐'고 묻고 있었던 것입니다. 저항감이 느껴지지 않았던 것은 젠체하지 않기 때문이리라 생각했습니다.
프랑스 조각가 자코메티의 작품처럼 불필요한 요소들을 과감하게 덜어낸 문장은 사유와 성찰의 세계로 우리를 초대하고 있습니다. 수많은 작가들과 현인들의 보석 같은 통찰이 저자의 글 속에 녹아들어 빛의 모자이크를 이루고 있습니다. 그 빛 속에 노닐다 보니 삶이 가뿐해집니다. 참 좋습니다.

김기석_청파교회 담임목사, 「끙끙 앓는 하나님」 저자

내가 보는 것에는 보아야 할 것이 언제나 더 있다

사색이 없는 곳에는 깨달음도 없습니다. 작지만 무게감이 느껴지는 이 책은 이 점을 웅변적으로 보여 주고 있습니다. "하나님이 깨달음을 주시므로 나는 사색할 필요가 없다"고 말하는 사람은 참으로 위험합니다. 저자는 고전과 인문학의 숲으로 독자를 안내하면서 사색의 샘을 만나게 합니다.

저자는 질문의 힘을 압니다. 기초부터 흔들거리는 세상에서 사람다운 사람이 되기 위해서 물어야 하는 본질적 질문을 툭 던집니다. 이러한 물음은 단순히 폭넓은 교양에서 나오지 않습니다. 한 분야에 정통한 학식에서 나오는 것도 아닙니다. 이것은 오랜 기간의 숙성과정을 거친 사색과 묵상의 산물입니다.

옛 사람은 절문(切問)을 강조했습니다. 배움에 대한 갈망에서 절박한 질문은 터져 나옵니다. 사람답게 살려면 근원적인 질문들로부터 도망가지 말아야 합니다. 진리와 진실에 마주칠 수 있는 용기는 저절로 생기지 않습니다. 저자는 인내를 가지고 바위를 정으로 다듬어 조각물을 만들어 가듯이 한 자 한 자 써내려갔습니다. 행간에서 독자는 저자의 통찰과 마주칠 것입니다. 삶에서 참으로 경이롭고 신비한 것이 무엇인지도 깨닫게 될 것입니다. 이 책의 마지막 장을 넘길 때, 당신은 이렇게 고백할지도 모르겠습니다.

"내가 보는 것에는 보아야 할 것이 언제나 더 있다."

송광택_목사, 한국교회독서문화연구회 대표

치유로 가는 길에서 나와 마주치다

치유로 가는 길은 쉽지 않습니다. 두려움과 의심, 공포와 좌절, 그리움과 배신, 그리고 고독과 무의미가 그곳에서 기다리고 있기 때문입니다. 그런데 숨 막히는 절망감을 안겨 주는 그러한 존재는 타인도, 환경도 아닙니다. 바로 '나 자신'입니다. 결국 치유의 길은 자신에게로 가는 길입니다. 나 자신과 직면(直面)하는 것입니다.

저자는 이 책을 통해 우리의 병든 삶을 치유하는 영혼의 묘약을 소개하고 있습니다. 사랑이 위독해진 우리에게 치유를 위한 섬세한 간호를 요청하고 있습니다. 「사랑이 위독하다」는 가짜와 가식에 함몰되어 자신을 잃어버린 현대인들을 치유할 최고의 책이 될 것입니다.

지금, 당신은 자신과 직면할 준비가 되어 있습니까?

정현욱_목사, "마이트웰브"와 〈생명의 삶 플러스〉 집필진

다시 삶을 끌어안고 희망을 노래하자

우리는 아름다운 단어들을 수없이 늘어놓아도 감동이 없는 시대를 살아가고 있습니다. 무관심이 습관이 되어 절망의 가시에도 무감각하게 살아가고 있습니다.

이 책에는 삶의 독서와 생의 순례에서 길어 올린 저자의 깊은 통찰이 담겨 있습니다. 그는 누구에게나 쉬운 일상의 언어로 이 대지에 희망의 실마리를 풀어내고 있습니다. 그래서 희망도 가끔 절망하는 야만의 시대에 희망의 절망을 고발해 희망을 '갈망'하도록 하고 있습니다. 그리고 사랑이 위독함을 폭로하여 사람을 그리워하게 합니다.

이제 우리 다시 삶을 끌어안고 희망을 노래할 때입니다. 지독한 고독의 땅에 찾아온 친구처럼, 다시는 못 볼 것 같았던 가여운 사랑처럼 그렇게 가슴 저리게 고마워하며 이 책을 마주합니다.

지형은_말씀삶공동체 성락성결교회 담임목사,
「우리는 함께 아름다워지는 거야」 저자

| 프롤로그 |

삶에도 '생략'이 필요하다

삶에도,
생략이 필요하다.

생략(省略),

그것은,
분노, 절망, 탐욕,
이것들로 누적된 삶의 무거움,
그것에 대한 '차가운 감축'이다.

그것은,
삶의 공간에
불필요(不必要)를 삭제하고
필수(必需)만 남기는 '간추림'이다.

겨울 나목(裸木),

그것은
가지에서
봄의 잎새,
가을 과실을 '생략'하고도
여전히 찬란한 아름다움이다.

저 겨울 나목을
지금의 거목(巨木)으로 만든 신비,
그것은 '생략'이 만든 숭고한 결실이다.

그럼에도,
이 시대,
생략 아닌 '첨가(添加)'를 선택한다.
그 결과,
삶은 혈색 잃은 '건조한 표정'에 질식한다.

시인 김수영은 말한다,

"사람에게
 두 개의 손이면 충분하듯,

시(詩) 한 문장에
두 단어 이상은 끔찍하다"

생략,

그것은 '정돈된 아름다움'이다.
곧 다채(多彩)보다
월등한 단채(單彩)의 미(美)이다

이제,
삶에 필요한 것,
겨울 나목의 그것처럼,

덜어냄,

이것이다.
세상의 모든 아름다움을
철저히 배반하는
분노, 욕망, 증오들의 과잉을
삶에서 축출하는 '덜어냄'이다.

그 '신성한 생략'이 가능할 때,

삶은,
천사의 날개를 빌리지 않고도,
천공(天空)을 비상(飛翔)할 수 있다.
그 결과,
삶은 야만에서 가볍게 탈피한다.

이 대지를 오염시키는 것,
그것은 '먼지'만이 아니다.
이 대지는 사실,
'가짜'로 인해 더 심한 천식을 앓는다.
가짜가 지나간 자리에 남는 것,
그것은 갈등, 오해, 증오 같은
지옥이 출하(出荷)한 '시끄러움'뿐이다.

거짓,
그것은 '모든 것에 대한 배반'이다.
곧 세상의 품위를 승격시키는
그 '모든 선한 가치에 대한 반역(反逆)'이다.
그 '거짓'이 '가짜'를 창조하기 때문이다.

거짓,
가짜,

삶을 단명(短命)시키고,
대지를 절명(絕命)시키는 치명적 독이다.
거짓은 삶을 '졸속'으로
가짜는 생을 '치졸'로 살게 하기 때문이다.

삶을
지켜 주는 두 마음,

초심(初心),
조심(操心),

이것들이다.
초심,
그것은 '거짓'으로부터 삶을 지켜 주고
조심,
그것은 '가짜'로부터 삶을 지켜 준다.

그런데 이 시대,
선이 축출되고 악이 집권한 시대이다.
이제 그 악은 자신을 감추고
대신 '가짜'를 내세워 이 대지를 섭정하고 있다.
이 까닭에 지금,

삶이 슬프다.
사람이 아프다.
사랑이 위독하다.

그래서 지금,

그 슬픈 삶,
그 아픈 사람,
그 위독한 사랑,

그것의 치유를 위한
정교하고도 섬세한 '간호'가 요청된다.

「사랑이 위독하다」,
이곳에 실린 열 개의 단편(短篇),
그것들은,
사랑을 위독하게 만든 위험한 불순(不純)들,
곧 삶의 내밀(內密) 속에 가득 찬
분노, 절망, 탐욕의 감량을 위한,
아기 손바닥만큼 작은 '사유(思惟)의 터'이다.

또한, 소중한 것은
그대 삶 곁에 '조금 더 가까이' 두고,
덜 소중한 것은 '조금 더 멀리' 두는
깔끔한 정돈을 위한 '하늘색 서랍장'이다.

열 개의 단상(斷想)들,
이 글들이,
세상(世上)을 사나
세속(世俗)을 살기를 거절하는,

그래서,
거짓과 가짜의 중력(重力)에
이끌려 '죽은 인형'처럼 살기를 거부하는 그대,
그런 그대와 천년 고목(古木)이 드리워 준
그늘 아래서 담소하는 '글 벗'이 되길 소망한다.

이 땅에 '가짜의 부피'가 삭감되는 그 날을 기다리며
2017. 3월 봄빛 순(純)한 날, 김겸섭 쓰다

차례

| 추천의 글 |
| 프롤로그 | 삶에도 '생략'이 필요하다

PART 1
사랑은 그 사람의 '곁'이 되어 주는 것

인격은 할인되지 않는다 ——————————— 21
생선이 썩을 때는 머리부터 썩는다 ——————— 49
트롤의 거울은 거절되어야 한다 ———————— 75
그대, 손잡이는 있는가? ————————————— 103
삶에도 입동(立冬)은 있다 ——————————— 129

PART 2
어떤 눈물은 때로 빛보다 눈부시다

사랑이 위독하다 ——— **155**

세 개의 부고(訃告) ——— **181**

광인일기(狂人日記)를 소각하며 ——— **209**

싫증에 싫증내다 ——— **233**

오늘, 가장 위험한 단어를 알게 되다 ——— **253**

| 에필로그 | 희망도 가끔은 절망한다

PART 1

사랑이
위독하다

사랑은
그 사람의 '곁'이 되어 주는 것

CHAPTER 1

인격은 할인되지 않는다

신이 죽고 돈이 태어났다

인격은 할인되지 않는다.
인격,
그것은 할인되어서도 안 된다.

그러나 오늘날,
이 대지는 절하(切下)된 인격이
값싼 매물로 거래되는 '거대한 장터'이다.
그 이유, 비평가 막시무스는 말한다.

"신(神)이 죽고 그 대신 돈이 태어났다"

니체 역시 저서 「아침놀」,
아포리즘 제 204절에서 말한다.

"이전 사람들이 신(神)을 위해 했던 행위를,
 지금 사람들은 돈을 위해 하고 있다"

이 시대는
화폐가 신(神)을 제압하고 지폐가 인격(人格)을 굴복시켜
유일신으로 등극한지 이미 오래다.
그 결과,
하늘은 동천(冬天), 대지는 동면(冬眠)이다.

이 대지를,
지배하고 있는 두 개의 가치,
그것들은,

가격(價格),
인격(人格),

가격, 그것은 '물건 값'이다.
인격, 그것은 '사람 값'이다.

지금,

가격은 '소유'라는,

인격은 '존재'라는 철학 어휘를 입고

주도권을 선점하기 위한 '다툼'이 진행 중이다.

그 다툼의 추세, 슬프게도 인격의 약세이다.

그래서 그런가?

삶이 많이 야위어졌다.

삶의 표정도 무척 수척해졌다.

지폐에게 예속 당한 이 대지가

그 '슬픔의 기척'을 떨쳐 버리지 못해서이리라.

그렇다면,

지폐는 약진하고, 인격은 부진을 겪는 이 시대,

왜 이리 되었을까?

고은 시인의 시집 「순간의 꽃」,

이곳에 실린 시 "그 꽃"을 본다.

"내려갈 때

　보았네

올라갈 때

보지 못한
　그 꽃"

어찌 '그 꽃'만 그럴까?
이 시대가 신(神)처럼 군림하는 황금의 채집을 위해,
그 황금이 빛을 발하는
그 '위쪽'을 향해 가속(加速)으로 질주하니
'인격'이라는 '그 꽃'이 눈에 보이지 않는 것이다.

유대 랍비 요하난,
그가 여러 도시를 순례한다.
얼마 후 랍비가 한 도시에 도착하자,
그 도시 권력자가 거만한 표정으로 말한다.

"잘 오셨습니다.
　우리 도시는 지상에서
　가장 맛있는 '빵'을 만드는 곳입니다"

이 말에 랍비는 찬 음성으로 말한다.

"그렇습니까?

그럼 저는 더 이상 이곳에 머물 필요가 없겠군요.
저는 지금 '사람'을 가장
잘 만드는 도시를 찾고 있기 때문입니다"

우분트를 찾아서

우분트,
이 낯선 아프리카 어휘, 그것의 의미는 이렇다.
한 인류학자가 아프리카를 방문 중,
그곳 반투족(族) 아이들에게 제안을 한다.
그 제안이란,
아프리카에서 희귀한 딸기 한 더미를
저 앞 먼 곳에 준비해 놓고
출발신호와 함께
그곳에 '가장 먼저' 도착한 아이에게
그 '과일 전부'를 '혼자' 먹게 해 주겠다는 것이었다.
순간 아이들의 눈빛이 초롱초롱 빛난다.
곧 이 학자가 아이들에게 출발을 선언한다.

그런데 이것이 무슨 일이란 말인가?

그 아이들은 미리 약속이나 한 듯,
서로 손을 잡고 '다 함께' 그곳에 달려가,
동시에 '그곳'에 도착하는 것이 아닌가?
그러고는 그 딸기를 서로 나누며 함께 먹는다.
사실 '모두'가 '가장 먼저' 도달했으니
이 제안을 했던 학자도 달리 어쩔 수 없었다.
이후 학자가 그 이유를 묻자 아이들이 들려준 말,

"나만 기쁘면 다른 친구들은 슬프잖아요.
 우리는 서로 '우분트'를 잊지 않아요"

U, B, U, N, T.
아이들의 작은 심장을
장악하고 있었던 '다섯 개'의 황금 활자,
그 의미는 "우리가 함께 있기에 내가 있다"이다.
그래서 이 아이들,
'가장 먼저'보다 '함께 먼저'를 선택한다.
그 결과 '잘 뛰지 못하는 절름발이 아이'조차
그 풍려한 '딸기 식탁'에 참여할 수 있었다.
이제껏 먹지 못해 아사(餓死)한 사람이
이 부족에는 '단 한 사람'도 없었다는 사실,

곧 이타(利他)로 이기(利己)를 제압한 우분트 철학,
그것은 기적의 출원(出願)이
황금에 있지 않다는 신뢰할 만한 증언이다.

그러나 불행히도,
이 시대는 '인격의 불황(不況)'을 살고 있다.
그 결과 삶의 작황도 '냉골 속 흉작'이다.
그것은 '빵 잘 만드는 곳'이
이 시대의 명소(名所)가 되었다는 것과
또한 '사람 잘 만드는 곳'은 이미 오래전
행적 끊긴 폐광(廢鑛)이 되었다는 것에 있다.
더불어 '우분트의 소실(消失)'도 그 이유일 것이다.

자기 수준에 맞는 신(神)

4세기 교부 어거스틴, 사랑을 두 종류로 구분한다.

카리타스,
쿠피디타스,

카리타스는 '위에 대한 사랑'이다.
곧 '하늘에 속한 것에 대한 애착'을 말한다.
쿠피디타스는 '아래에 대한 사랑'이다.
이는 '세상에 속한 것에 대한 집착'을 말한다.
이런 까닭에,
카리타스가 '인격에 대한 사랑'이라면,
쿠피디타스는 '가격에 대한 사랑'이다.
지금 이 둘은 서로를 견제하며
자신을 숭배할 추종자를 모집하고 있다.
변증가 C.S. 루이스는 말한다.

"사람들은
각자 자기 수준에 맞는 신(神)을 선택한다"

그렇다.
사람들은 스스로의 수준에 따라,
카리타스와 쿠피디타스 중 하나를 선택하여
자신의 신(神)으로 추앙하며 산다.
두 신(神)의 추종자를 각각 살펴본다.

로쿠스타,

그녀는 1세기 로마의 독살전문가였다.
비천한 신분으로 출생한 로쿠스타,
그녀는 어릴 적 배웠던 약초 다루는 법을
악용하여 정적(政敵) 제거를 사주하는 이로부터
황금을 받고 그 대상을 독살하던 여인이다.
그녀의 악행이 극악에 치달은 것,
로마 4대 황제 클라우디우스의 독살이었다.
클라우디우스의 넷째 아내였던 악녀 아그리피나,
전남편의 아들 네로를 황제로 만들기 위해,
로쿠스타에게 별장 한 채에 해당하는 착수금을 주며,
클라우디우스 황제의 독살을 은밀히 제안한다.

사흘 후 로쿠스타는 황제의 오찬 중,
버섯에 독을 섞어 클라우디우스를 독살한다.
이후 갑자기 거부가 된 로쿠스타,
그 행복을 자축(自祝)하기 위해 연회를 연다.
그러나 그것은 그녀의 달콤한 착각이었다.

자신의 권력 찬탈 내막을 분명히 알고 있는
로쿠스타가 불편스러웠던 네로 황제,
곧 로쿠스타에게 7일 안에 자살할 것을 명한다.

이에 반발한 로쿠스타는 도피하며 저항하나,
결국 5일 만에 스스로 만든 독배를 마시고 자살한다.

타인을 독살하기 위해 제조한 그 독약으로
자신을 독살해야 했던 비운의 여인 로쿠스타,
이는 '가격'이라는 '쿠피디타스'에 숙취되어
그것을 '자신의 유일신'으로 채택한 삶의 결말에 대해
로마 역사가 철필(鐵筆)로 기록한 예언적 통찰이다.
작가 보르헤스는 「픽션들」에서 말한다.

"사자인지 고양이인지 알려면 그 발톱을 보면 된다"

황금의 수확을 위해,
생명을 살리는 약초를 생명을 죽이는 독초로 악용한
희대의 악(惡) 로쿠스타의 불행 이유,
그것은 자신이 선택한 신(神),
곧 눈부신 '가격'이 뒤에 감추고 있던
날카로운 발톱을 보지 못한 실명(失明)에 있었다.

작가 톨스토이의 「바보 이반」,
이 작품은 로쿠스타와 이질(異質)의 삶을 살던,

그래서 세간에 '바보'라 불리던 이반을 보여 준다.
이반은 세몬과 상인 타라스를 형으로 둔 농부다.
그러나 자신을 벌레 보듯 멸시했던
탐욕과 기만의 세몬과 타라스가 파산하자
기꺼이 자기 집에 머물게 한다.
또한 가난한 사람들과 늘 양식을 나누며 기뻐한다.
이런 이반이 싫었던 세 악마들은 그 행복의 찬탈을 위해
이반을 찾아와 '거절하기 힘든 두 제안'을 한다.

악 마 : 이반, 우리가 자네를 지켜 줄
　　　　강력한 힘을 지닌 '군대'를 만들어 주겠네.
이 반 : 그 군대가 힘없는 약한 자에게
　　　　노래를 들려줄 수 없으니 난 필요 없네.
악 마 : 그렇다면, 우리가 자네를 위해 이 '나뭇잎'으로
　　　　영원히 '사라지지 않는 돈'을 만들어 줄까?
이 반 : 그 돈이라는 것,
　　　　아이들이 갖고 노는 '장난감'에 지나지 않아,
　　　　그런 돈, 난 필요 없네.

이 '두 제안'을 통해
이반의 멋진 추락을 기대했던 세 악마들,

곧 낙심한 채 불쾌한 표정으로 이반을 떠난다.
화폐의 공세에 균열되지 않는 이반의 삶,
그것은 이반의 삶의 '밑절미'에 '인격'이라는
거대한 후원이 있었기에 가능했다.

파크톨로스 강(江),
손을 대면 무엇이든지
황금으로 탈바꿈시키는 신비를 소유한 미더스 왕,
황금에 둘러싸인 삶이
결코 축제가 아님을 뒤늦게 깨닫고
지난날의 '허영의 악'과 결별하기 위해
몸을 씻었던 '정화(淨化)의 강'이다.
비록 파크톨로스 강에 몸을 씻은 후
미더스 왕은 그 신기한 능력을 잃지만,
이후 삶의 깊이와 품위를 소유한 '참 환희'를 산다.

정화의 강에 대한 이 그리스 문학,
그것은 '가격과 황금'이라는
이 시대의 '미더스'를 씻겨 내기 위해
파크톨로스 강에 입수(入水)한 이반과
그 입수를 차갑게 거절한 로쿠스타 중,

그대는 '어느 쪽'인지 질의하는 청문(聽聞)이 아닐까?

카론의 동전,
고대 그리스인들은 사람이 죽으면
아케론 강(江)을 떠나 스틱스 강(江)을 지난 후,
낙원 엘리시온에 도착한다고 생각했다.
이어 망자(亡者)는 이 강을 건너기 위해서
뱃사공 카론의 안내를 받아야 했다.
'카론의 배'는 쇠가죽으로 만들어진,
'바닥이 없는 배'였다.
이 '위험한 배'를 승선하기 위해선
카론에게 '오보로스 동전 하나'를 지불해야 했다.

오보로스 동전 하나의 가치,
그것은 '꽃 한 송이의 값'인 소액(少額)이다.
죽어 지하세계에 가는데 지불하는 비용,
그것이 '극히 적은 동전 하나'라는 의미,
그것은 '천국의 소유'가 황금에 있지 않음을
설득하는 그리스인 특유의 문학적 은유이다.

인격,

그것은 '지폐'로 살 수 없다.
파크톨로스 강(江)의 잠영(潛泳)이 있는 곳,
적은 오보로스 동전이 정중히 예우 받는 곳,
곧 화폐와 무관한 곳에 '은닉'하고 있기 때문이다.
그렇다면 '참 인격'은 어떠한 표정일까?

참 인격의 탄생

먼저,
참 인격은,
섬세하고 치열한 '세공(細工)' 후에 주어진다.
사색가 칸트는 말한다.

"사람은 뒤틀린 목재로 태어나
 날카로운 도끼를 입에 물고 산다"

그렇다.
사람은 누구나 거친 원석(原石)이다.
처음부터 세련된 보석(寶石)은 없다.
그런 까닭에 정교한 세공이 필요하다.

절차탁마라는 세공을 생각할 때 기억나는 어휘,
그것은 '카벙클'이다.

카벙클,
종교학자 배철현의 「신의 위대한 질문」에 의하면,
이 '카벙클'은 알 속의 '새끼 거북의 임시 치아'를 말한다.
산란기의 어미 거북은 새끼를 낳기 위해
먼 바다를 건너 해안까지 멀고 긴 죽음의 항해를 한다.
맹금류의 위험을 피하기 위해 칠흑의 밤을 택해 해변에 도착한
어미 거북은 밤새 30센티미터 깊이의 웅덩이를 파고 그곳에
약 200개의 알을 낳은 후 모래로 덮고 다시 바다로 떠난다.

2개월 후,
부화의 때를 감지한 새끼 거북,
이제 어미 거북의 도움 없이 혼자 힘으로
알의 내벽(內壁)을 깨고 밖으로 나와야 한다.
그러나 어미 거북의 도움 없이
어떻게 알을 깨고 밖으로 나올 수 있단 말인가?
경이롭게도 창조주는 알 속의 새끼 거북이
알의 내벽(內壁)을 스스로 깨고 나올 수 있도록
카벙클이라는 '임시 치아'를 주셨다.

새끼 거북이 이 카벙클로

알의 내벽을 깨는데 소요되는 시간은 '7일'이다.

그 7일 동안 새끼 거북은 철저히 굶어 가며

내벽이 부서질 때까지 힘겨운 싸움을 이어간다.

이 과정에서 새끼 거북의 치아 카벙클은

심하게 부러지고 부서져 피투성이가 된다.

그러나 만약 그 내벽과의 사투에서 패배하면

그 새끼 거북은 그 알 속에 갇혀 죽게 된다.

새끼 거북이를 살린 것,

그것은 목숨을 건 '카벙클의 사투'였다.

참 인격도 그렇다.

자신 안에 '질긴 이끼'로 자란 '탐욕'이라는 내벽,

그것을 파쇄하는 '카벙클의 7일'이

삶에서 상시 가동되는 세공을 통해

그대의 인격은 다반향초(茶半香初),

곧 '반나절이 지나도 처음 향이 여전히 남아 있는 차(茶)'의

그것처럼 묵향(墨香)으로 빛날 것이다.

두 번째,

참 인격은 '투명(透明)'하다.

곧 참 인격은 생각과 행위에 있어
내피(內皮)와 외피(外皮)가 다르지 않다.
그래서 참 인격은 위선의 흔적인 '음흉'이 없다.
속셈이 지나치게 밝아 기만을 표정 뒤에 감춘 음흉,
그것이 '악의 민낯'임을 알기에 그 음흉을 사양한다.
그렇다면 '투명'이란 무엇인가?

"삶에서 불순(不純)을 박피(剝皮)한 맑음이다"

음흉이 출하(出荷)한 탐욕,
그 질퍽한 오탁(汚濁)을 탈각한 삶,
곧 삶에 묻은 '먼지'를 털어낸 청초함,
그것이 '투명'이다.

메뚜기,
이들은 유충에서 성충이 되기까지
모두 다섯 번의 탈피(脫皮)를 거친다.
그리고 마지막 다섯 번째의 탈피를 '우화(羽化)'라 한다.
우화란, '우화등선(羽化登仙)'의 줄임말로써,
곧 '날개를 달다'라는 뜻이다.
우화(羽化) 이후 메뚜기는 하늘을 활공(滑空)한다.

삶도 다르지 않다.
몸을 감싼 '여러 겹의 허물'을 계속 벗겨 내어
맑고 투명에 다다르는 인격의 우화를 통해
인격도 비로소 '투명'으로 비상(飛上)한다.

"기게스의 반지",
플라톤의 「국가」 제 2권에 수록된 철학우화이다.
기게스는 리디아 왕 칸다울레스의 목동이었다.
기게스가 양을 치고 있던 어느 날,
갑자기 폭우와 함께 커다란 지진이 일어난다.
순간 땅이 갈라지고 그 아래 동굴이 발견된다.
호기심이 발동한 기게스는 동굴 속으로 들어간다.
들어가 보니 그곳에 청동색 말(馬)이 보인다.
기게스는 그 청동말에게 다가선다.
놀랍게도 그 안에는 거인의 시체가 놓여 있었고,
그 거인의 손가락에는 황금 반지가 끼워져 있었다.
기게스는 그 황금 반지를 빼들고 급히 밖으로 나온다.

이후 기게스가 이 반지의 비밀을 알게 된다.
그 비밀이란, 이 황금 반지를 안으로 돌리면
반지를 낀 자의 모습이 사라져 볼 수 없고,

다시 밖으로 돌리면 모습이 다시 나타난다는 것이다.
이제 기게스는 '보이지 않는 힘'을 갖게 된다.
순간 기게스의 마음에 음흉과 탐욕이 요동친다.

얼마 후 국왕의 가축 관리자가 된 기게스,
그는 반지를 이용하여 자신의 모습을 감춘 후,
궁에 들어가 칸다울레스 왕의 왕비를 유혹하여 취한다.
이어 실정(失政)을 거듭하던 리디아 왕을
왕비와 공모하여 살해하고 그 왕위까지 찬탈한다.
이후 기게스는 칸다울레스 왕보다 선정을 베푸는 삶을 살지만
그 죄책으로 인해 스스로를 문초하며 평생 괴로워한다.

기게스의 비극,
그것은 그가 몸은 '투명'이었지만
인격은 야심(野心)으로 덧칠된 '불투명'에 있었다.
기게스는 탈피(脫皮)를 통한 우화(羽化)에 실패했다.
그 결과 기게스는 인격 안에 잠입한 야심(野心),
곧 '그 음흉'에게 일격을 당해 와해된다.
야심(野心)을 위해 양심(良心)을 포기하는 것,
그것이 타락이다.
기게스, 그가 꼭 그랬다.

요한복음 1장,
갈릴리 가나 출신의 나다나엘,
그를 바라보며 하신 예수 그리스도의 선언,

"참으로 이스라엘 사람이구나.
 그 속에 간사한 것이 없도다"

카레트,
히브리인들이 가장 두려워하는 이 어휘,
그것은 '신(神)으로부터 떨어져 나간다'라는 의미로서,
신(神)을 분노하게 하는 '서른여섯 가지의 악'을 총칭한다.
이 '카레트' 목록 중 세 번째 수위(水位)가 '교활'이다.

그런데 청년 나다나엘,
그가 간사, 곧 '교활'이라는 독한 '카레트'를 적출했다.
그 결과 욕망은 엷어지고 탐욕의 중량은 한없이 가벼워진
맑고 투명한 인격을 지참한다.
이를 극찬한 예수 그리스도,
그것은 "성경에 밑줄 긋지 말고 생활에 밑줄 그어라"는,
곧 '종교생활'이 아닌
'생활종교'가 '예수 정신'인 것을 역설한

기형도 시인의 호소를 거절한 현대교회에게,
자신을 다시 검진하라는 '냉정한 독촉'이 아닐까?

다음으로,
참 인격은 '뒷모습'조차 '색동'으로 아름답다.
이력서에 게재된 목록으로 인격을 측정하는 것,
그것은 극히 '위험한 우(愚)'이다.
그것은 '덧칠' 가능한 '앞모습'이기 때문이다.
사람은 '세 가지의 나'가 있다.

모든 사람이 아는 나,
가까운 사람이 아는 나,
내가 아는 나,

그렇다면,
이 가운데 '어떤 나'가 '진짜 나'일까?
내가 아는 나,
곧 '자신'만이 알고 있는 '그 나'가 '참 나'이다.
그것이 분칠로 채색할 수 없는
그대 '뒷모습의 원형질'이기 때문이다.

뤼콘,

아뉘토스,

멜레토스,

이 세 사람은 기원전 399년,
소크라테스를 고발하여 아테네 법정에 세워,
9시간 30분에 걸친 법정심리를 갖게 한 이들이다.
결국 배심원 500여 명을 위증으로 현혹하여
70세의 소크라테스에게 30표차로
사형이라는 유죄 선고를 내리게 한 후,
헴록이라는 독이 담긴 독배를 마시게 하여
소크라테스를 처형시킨 간악한 소피스트들이다.
이들이 소크라테스를 기소한 이유,
법정에서는 그리스 청년을 무신론자로 만드는
악덕을 고발하기 위한 것으로 진술했지만,
사실은 현자 소크라테스에 대한 질시 외에는
다른 이유가 없었다.
로마 권력자라는 이 세 사람의 앞모습,
그러나 그것에 감춰진 그들의 뒷모습은
한낱 열등감에 갇혀 비명을 지르는 소아(小兒)였다.

참 인격,

그것은 '뒷모습'에 기재된다.

'뒷모습'까지 아름다워야

비로소 '참 아름다움'으로 공인(公認)된다.

그러나 무균(無菌)의 아름다움을 간직한 뒷모습,

그것은 저절로 얻어지지 않는다.

질시의 중력(重力)에서 벗어나기 위한

자신과의 혹독한 불화(不和) 이후 비로소 획득된다.

작가 서은영은 이런 삶을

곧 "시간이 쓰러뜨릴 수 없는 아름다움"이라 했다.

끝으로,

참 인격은 악에 '저항'한다.

참 인격은 악에는 '적대적'이다.

그래서 악에 대한 태도가 '불친절'하다.

악에 대한 우호(友好),

그것은 악과의 동맹을 맺은 '숨은 사랑'이다.

히틀러 암살에 가담했다가 그 계획이 누설되어

플로센버그 감옥에 수감된 본회퍼,

그를 힘들게 했던 것은 수형(受刑)의 고통만은 아니었다.

"선을 위해 싸운 사람이 감옥 안에 있는데,
 감옥 밖은 왜 그리 조용한가?"

본회퍼를 괴롭힌 것,
그것은 악인들의 '거친 아우성'이 아니라
선한 사람들의 '끔직한 침묵'이었다.

「전쟁책임 고백서」,
독일의 반(反)나치 신학자 마틴 니뮐러가
독일 패망 이후 발표한 자신의 참회록이다.
이 글에 "그들이 왔다"라는 수기(手記)가 있다.

"나치, 그들은 제일 먼저
 공산주의자를 잡으러 왔지만,
 나는 공산주의자가 아니었으므로 침묵했다.

 그리고 그들은 유대인을 잡으러 왔지만,
 나는 유대인이 아니었으므로 침묵했다.

 그리고 그들은 노동조합원을 잡으러 왔지만,
 나는 노동조합원이 아니었으므로 침묵했다.

그리고 그들은 가톨릭교도를 잡으러 왔지만,
나는 개신교도였으므로 침묵했다.

마지막으로 그들은 나를 잡으러 왔지만,
나를 위해 말해 줄 사람은 아무도 없었다"

마틴 니뮐러,
자신이 그들의 비극에 침묵했기에,
그들도 자신의 불행에 침묵했다는 뒤늦은 참회,
그래서 '침묵'은 '죽은 자의 언어'라는 통탄,
그것은 신(神)의 처소인 천공(天空)을 향해
스스로를 기소(起訴)하는 처절한 고해성사였다.

다른 것은 평각(平角)으로 대해도,
악에 대한 것만큼은 각(角)과 모서리가 살아 있는
날선 '예각(銳角)'으로 반응해야 한다.
작가 조나단 스위프트는 말한다.

"내 목표는,
 세상을 즐겁게 하려는 것이 아니라
 세상을 화나게 하려는 것이다"

그가 옳다.

악에 대해 '침묵'이 아니라,

그 악에 대해 크게 '화'내는 세상,

거짓과 가짜에 대해 '온건'이 아니라,

그것에 대해 사납게 '반발'하는 세상,

그것이 '살아 있는 참 세상'임을 간파한 것이다.

이런 이유로, 악에 대한 침묵,

그것은 삶에서 탄핵(彈劾)되어야 할

아주 못된 '천년(千年)의 버릇'이다.

그렇다면 악에 대한 침묵,

그것의 적절하고 유효한 수단은 무엇일까?

북아프리카 아모르족이 그 길을 알려 준다.

"거미줄도 결합하면 사자를 묶을 수 있다"

그렇다.

머리카락보다 더 얇은 거미줄, 그것이 결합되면,

강한 사자를 결박하는 밧줄로 강화된다.

악에 대한 저항의 원리,

그것은 '작은 선'들의 '신성한 연합'이다.

이제 인격이다.

황금만이어서는 안 된다.

그 인격의 외연(外延),

그것이 화폐가 입주해 있는 금고의 그것보다 넓어지는

그 절원(切願)이 이루어지는 날,

그래서 '황금'이라는 '무면허 신(神)'에게 속지 않은 날,

이 대지는, 작가 강유일의 통찰처럼,

'소유가 패배하고 존재가 승리하는' 공간으로

찬연히 이적(移籍)되며,

고은 시인이 산에서 '내려갈 때' 보았던 '그 꽃'이

화사하게 원무(圓舞)하는 화원이 되기 때문이다.

4월,

대지는 이미 '봄'이나

바다는 여전히 '겨울'인 시절이다.

4월 찬바람이 '빗각'으로 날아와 창틈에 머문다.

손가락 한 마디 매듭쯤 열려 있던 그 창문을 닫고,

"차 한 잔, 그것은 삶을 건드리는 입맞춤"이라

들려줬던 작가 민봄내의 글을 따라,

허브 향의 차(茶) 한 잔에 단아한 입맞춤을 하며,

초록 육각 연필로 문학노트에 이 글을 수록한다.

"시한부 생명보다
무서운 것,
그것은,
시한부 인격이다"

CHAPTER 2

생선이 썩을 때는 머리부터 썩는다

이제, 살청(殺靑)이다

생선이 썩을 때,
머리부터 썩는다.

꽃잎이 낙화(落花)할 때,
꽃봉오리부터 떨어진다.

삶도 다르지 않다.
머리, 곧 '생각'이 병들면,
생(生)은 부식(腐蝕)되어
재색(灰色)의 긴 우기(雨期)를 산다.

사람,
어려서는 '길 위'를 걷고
어른이 되서는 '시간 위'를 걷는다.
길 위를 잘 걷기 위해선
촉광(燭光) 밝은 '눈'이 필요하지만,
시간 위를 잘 걷기 위해선
채도(彩度) 맑은 '생각'이 필요하다.

삶의 여정,
그것은 '눈'만 갖고는 오래 못 걷는다.
사려(思慮)의 깊음으로 걸어야 곧게 멀리 간다.
이 사실을 경시하면,
그대 생(生)의 에필로그는
불행을 서명하도록 강요받을 것이다.

문득,
벽에 걸려 있는 오죽선 부채를 본다.
세로로 가지런히 줄 선 대나무 살,
순간 '살청(殺靑)'이라는 언어가 떠오른다.

살청(殺靑),

대나무의 '푸른빛(靑)'을 죽이기 위해(殺)
자른 대나무에 불을 쬐는 행위를 말한다.
종이가 없던 시절,
부득이 대나무를 잘라 넓게 펴 말린 후,
거기에 기록을 남겨야 했다.

그러나 갓 자른 대나무는 수분이 많기 때문에
필사(筆寫)가 어려울 뿐 아니라,
그 수분으로 말미암아 벌레가 생기거나
햇빛에 갈라지는 균열을 피할 수 없었다.
그래서 대나무의 수분을 제거하기 위해
직접 불을 쬐는 작업을 해야 했다,

이 과정에서,
대나무의 '푸른빛이 죽는 살청(殺靑)'이 발생한다.
물론 다도(茶道)에서도 찻잎을 따서 솥에 넣고
약 15도의 불로 다리는 것을 살청이라 부른다.

번거로운 과정이지만 살청을 통해,
차(茶)는 깊은 향을,
대나무는 견고한 목질을 유지하게 된다.

소리 좋은 북,
정교한 '무두질' 이후 가능하다.
그것은 좋은 소가죽을 얻기 위한 손질을 말한다.
먼저 삭도로 소의 몸체에서 가죽을 벗겨낸 후,
그 가죽에서 기름과 털을 철저히 분리한다.

그것을 방치하면 가죽은 물러져 탄력(彈力)을 잃고,
이후 점차 경직되어 찢어지게 되기 때문이다.
섬세한 무두질 이후 제작된 북,
그것은 고수(鼓手)를 춤추게 한다.

살청,
그것은 '삶에 필요한 무두질'이다.
막 벗겨낸 소가죽의 그것처럼
인격 안에도 제거해야 '푸른빛'이 있을 터인데,
그것을 '살청'으로 무두질하지 않고
평생 가슴에 담은 채 끌어안고 산다면,
삶은 탄성(彈性) 잃은 위태이기 때문이다.

타게스,
고대 그리스인들이 사랑했던 스승이었다.

타게스는 출생 시(時) '백발(白髮)'로 태어났다.
백발은 그리스인들에게 현명과 통찰의 표징이다.
현자 타게스는 생전,
그리스 전역을 다니며 그리스의 미래를 위탁할
열두 사람을 택하여 하늘의 지혜를 다 나누어 주고
홀연 자취를 감췄다는 신비의 스승이다.
타게스가 지상에 남긴 최후의 말,

"타인의 심성(心性)을
타락시키는 일을 조심하라"

자신뿐 아니라,
타인을 타락시키지 않는 삶을 사는 것,
이는 '악의 모양'을 깔끔히 '살청'한
수고 이후 허락되는 하늘의 신비가 아닐까?

작가 생텍쥐페리의 「어린 왕자」,
소행성 B-612에 사는 어린 왕자,
그가 '아침'에 일어나 가장 먼저,
그리고 '매일' 하던 두 가지 일,
그것은 언제 터질 줄 모를 '화산'을 청소하는 일과

밤새 자란 바오밥 나무의 '뿌리'를 뽑는 일이었다.
그것을 소홀히 할 때,
곧 닥칠 '자기 별의 사멸(死滅)'을 알았기 때문이다.

화산을 청소하는 일,
바오밥 나무의 뿌리를 뽑는 일,

이 두 가지 번거로운 일,
그것은 어린 왕자가
자기 별을 '살리기 위한' 최소한의 '살청'이었다.

살청은 삶의 질감을 기품(氣品)으로
승격시키기 위한 엄중한 '자기 검열'이다.
자신 안에 범람하고 있는 오탁(汚濁),
그것을 날카롭게 도려내는 외과 처치이다.
그래서 '살청'은 참 아프다.
그러나 거절해서는 안 된다.

욕망의 살청 🌿

그렇다면,
살청(殺靑)해야 할
삶의 오탁(汚濁)들은 어떤 것들일까?

먼저,
자신 안에 주둔한 '욕망'을 살청해야 한다.
소망이 '필요한 것'에 대한 갈망이라면,
욕망은 '사치'에 대한 열망이다.
소망은 삶을 긴장시켜 눈에 생기를 주지만,
욕망은 삶을 충혈시켜 눈을 흐리게 한다.
또한 욕망은 '자기를 향한 맹목적 사랑'이다.
그래서 욕망은 '가장 위험한 사랑'이다.
플라톤은 저서 「고르기아스」에서 말한다.

"쾌락과 좋은 것은 서로 다르다"

삶을 존귀하게 만드는 "좋은 것"과
생을 향락으로 이끄는 "쾌락"은
그 격(格)과 질(質)에 있어 분명 다르다.

삶의 비극,
그것은 '쾌락'과 '좋은 것'을 같다고 여기는
혼동에서 비롯된다.
작가 존 스타인벡의 소설「진주」,
이 작품에서 이 사실을 확인해 본다.

멕시코의 바닷가,
이곳에 가난한 어부 키노와 아내 쥬아나,
그리고 외아들 코요티토가 단란하게 살고 있다.

어느 흐린 날 아침,
요람에서 잠자던 아들이 전갈에 물려 위급하게 된다.
급히 병원을 찾아가나 치료비가 없는 어부 키노,
의사에게 냉정히 거절당한다.
결국 치료비를 마련하기 위해 키노는
진주 잡이에 나가고 곧 극상의 진주를 발견한다.

갑자기 부자가 된 키노,
키노를 향한 마을 사람들의 시선이 호의로 바뀐다.
자신을 거부했던 그 의사의 환대로 아들이 치료되고
헌금을 기대하는 신부의 부담스러운 친절,

또한 진주 장사치들은 이 진주를
헐값에 구입하려고 음흉한 미소 지으며 접근한다.
그러나 진짜 문제는 이제부터였다.

더 이상 바닷가에 나갈 필요가 없어진 키노,
그는 나태해졌고 큰 도시의 향락한 삶을 꿈꾼다.
이로 인해 아내 쥬아나와 키노 사이에 불화가 생긴다.
남편의 변한 모습에 쥬아나는 웃음을 잃는다.
키노는 행복하나 쥬아나는 불행했다.
이러던 중 진주를 탐내던 도둑이 그 집에 침입하고
키노는 그들을 살해하게 된다.
물고기밖에 모르던 소박한 어부가
진주를 지키기 위해 살인까지 하게 된 것이다.

이후 다시 침입한 도둑들이 집에 불을 지르자,
키노는 두려워 가족을 데리고 동굴로 도망한다.
이후 추적하는 도적들과의 숨 막히는 대치 중,
불행히도 도적들의 총에 아들 코요티토가 죽는다.
분노한 키노가 응사하여 그 도둑들은 죽지만
자식을 잃은 비통에 절규한다.

행복을 보증해 줄 것만 같았던 그 진주로 인해
오히려 처절하게 무너진 키노와 그 가족의 삶,
그 진주는 키노에게 행복이 아닌 재앙이었다.
다음 날 키노는 그 진주를 손에 쥔 채 바다로 나가
그 진주를 바다 깊은 곳에 던져 버린다.
이후 키노는 진주 없이도 미소를 짓는 법을 배운다.

소설 「진주」,
행복은 '진주'가 제조하는 공산품(工産品)이 아닌 것을
직설화법으로 보여 준 이 작품.
곧 '부(富)의 무게'가 '행복의 규모'가 될 수 없음을
키노를 통해 소박하게 설득하는 작가의 진심,
간결하나 참 깊다.

행복에 대한 오류(誤謬),
그것은 자신이 다른 사람보다
더 행복해야만 행복하다는 오류이다.
아니다.
행복은 누구의 부와 지위와 비교해서
자신의 행복이 '증명'되는 것이 아니다.
스스로 '불행'하지 않다고 느끼면

행복이 이미 취득된 것이다.

남보다 더 행복해지는 것이

행복이라 믿는 순간 '불행'은 반입된다.

철학자 세네카는 이것을 "불행한 행복"이라 했다.

그러나 안타까운 것,

지금도 이 '키노의 진주'를 찾는

그 무서운 '욕망'이 살청 되지 않은 채,

여전히 이 대지를 주행하고 있다는 것이다.

지금보다

조금 더 줄인다면

삶에 훨씬 유익인 것 세 가지,

말,

분노,

욕망,

이것들이다.

이들이 넓은 보폭으로 활보하면,

삶의 입자(粒子)는 분말로 흩어지며,

품위를 압류 당한 초라한 실추(失墜)를 산다.

그러니 욕망의 수치(數値)를 반음(半音)만 낮춰라.
그래야 약탈과 포식을 위해
다가오는 욕망의 '육중한 걸음'에 밟히지 않는다.
이 시대가 오해하고 있는 것,
빼앗으면 그것이 '제 것'이 된다는 생각이다.
아니다.
그것은 철저히 근시(近視)다.

로마 시인 카툴루스가 들려준다.

"빼앗은 것은
 결국
 다시 빼앗긴다"

험담의 살청

다음은,
험담을 살청해야 한다.
라틴어로 '험담'은 '옵트렉타티오'로서,
그 의미는 '맹수가 먹잇감을 이빨로 물어뜯다'이다.

곧 험담이란, 인격을 물어뜯는 '악평'을 말한다.
자신이 '싫어하는 사람'을 대상으로 말이다.

또한 험담은 '독자 행보'를 하지 않는다.
험담은 '편견'과 어울려 다니며
가격(加擊)할 대상을 끊임없이 물색한 후,
그 대상을 발견하면 매섭게 탄핵한다.
흉기 없이도 치명적 상해를 가하는 폭행,
그것이 '험담'이다.

사람의 마음 안에는
수천 가지의 감정이 상주한다.
질문 하나,
그대는 그 많은 감정 가운데
어떤 감정을 가장 많이 사용하는가?
그대가 '가장 선호하는 감정'이 '그대의 실체'이다.
혹 '험담'이라는 감정을 가장 많이 애용하는가?
그렇다면 '그대의 이름'은 이제부터 '험담'이다.

세상에 공존하는
서로 다른 '두 개의 시선',

그것은 곧,

살피는 눈,
보살피는 눈,

살피는 눈,
그것은 타인을 음해하기 위한 정보를 얻고자
그를 날카롭게 감찰하는 '살의(殺意)의 눈'이다.
이런 눈을 '혈안(血眼)'이라 말한다.

보살피는 눈,
그것은 타인의 약함과 불행에 대해 연민하는 눈,
그래서 그를 위로, 격려하기 위해 기꺼이
시간과 섬김을 드리는 '호혜(互惠)의 눈'이다
이런 눈을 '청안(靑眼)'이라 말한다.

험담,
그것은 칼 같이 예리한 금속성 동공(瞳孔)으로
사람의 약점을 채집하기 위해 혈안,
곧 '살피는 눈'을 지닌 자가 즐기는 악담이다.
이런 이유로 험담은 비방과 모욕을 그 소재로 택한다.

삶의 하수(下手)들이 선택하는 질 낮은 언어 험담,
이를 향해 시인 월트 휘트먼은 독설한다.

"그대가 실패자에게
 할 수 있는 것이
 고작 야유뿐이라면,
 그대는 그 실패자보다
 더 큰 야유를 받아야 할 실패한 자이다"

험담,
그것은 찻잎의 '황편(黃片)'과 같다.
찻잎 가운데에 잎이 누런 황편이 있다.
다도(茶道)에서는 차(茶)를 솥에 넣을 때
반드시 그 황편을 솎아 낸 후 불에 다리게 했다.
황편이 차(茶) 고유의 맛을 죽이기 때문이다.
험담은 삶의 향미(香味)를 죽이는 '황편'이다.
그 험담이 살청 되지 않으면,
인격의 묵향(墨香)이 소실되기 때문이다.

그대여,
마른 잎은 '향(香)'을 만들어 내지 못한다.

작은 벌레에게 나눠 줄 소소한 물기조차
제 몸 깊숙이 '감추고' 있기 때문이다.
험담을 자신의 일상 어휘로 채택하며 사는 삶,
그것은 향을 소실한 이파리, 그것이다.

「플라톤이 아팠다」,
이는 스승 소크라테스의 죽음 이후,
플라톤의 갈등을 소재로 집필한
작가 클로드 퓌자드 르노의 소설이다.
그것의 간략을 본다.

플라톤,
그는 소크라테스가 독약을 마시던 날,
그 자리에 참석하지 못했다.
모든 사람이 그를 비난했다.
심지어 그를 파문해야 한다고 했다.
그 이유, 플라톤은 「파이돈」에서 밝힌다.

"플라톤은
 그날,
 아팠다"

사실일까?

정말 플라톤은 아팠기 때문에 곧 독배를 마시고

세상을 떠날 스승의 임종에 참석하지 못한 것일까?

그건 아닐 것이다.

물론 그날 플라톤은 분명 아팠다.

그러나 그 아픔은 육신이 아니었다.

39세의 플라톤을 그토록 아프게 한 것,

그것은 스승과 자신에 대한 정적(政敵)들의

비수(匕首) 같은 모욕과 험담이었다.

그것이 얼마나 집요하고 잔인하였는지

플라톤은 스스로 죽음을 선택하려는

극단적 생각까지 하게 된다.

결국 플라톤은 이 아픔으로 몸져눕는다.

그것은 영혼이 겪는 극통(極痛)이었다.

세상에서 가장 잔인한 폭력,

그것은 사람을 '절망'시키는 것이다.

완력을 쓰지 않고도 삶에 치명을 가하는 폭행,

그것이 '절망'이기 때문이다.

험담,
그것은 사람에게 생의 의지까지 사멸시키는
폭력이라는 점에서 분명 절망과 일란성이다.

그러나 여기,
험담과 야비(野卑)를 제압한 사람이 있다.
그는 노래하는 전사(戰士) 다윗이다.
자신에게 집요하게 정치적 살해를
시도하던 사울이 길보아 전투에서 전사하자,
그가 가장 먼저 한 것은 무엇이었던가?
무고한 자신을 집요하게 괴롭힌 사울의 악행을
공개하는 정치적 보복이었던가?
아니면 사울의 악행을 그를 추종하는
베냐민 지파에게 직고하는 험담이었던가?

둘 다 아니었다.
다윗은 그의 죽음을 애도하는 애가를 지어
그를 따르던 백성을 위로하고 자신도 슬퍼했다.
이런 다윗에게 감동한 '사울의 남은 자들'은
이후 스스로 다윗의 충직한 수하(手下)가 된다.
다윗의 일생 중 가장 돋보였던 순간이다.

다독거리다.

삶을 조금 알아가면서 좋아진 말이다.
칭얼거리는 아이를 품에 안고
부드럽게 등을 두드려 주는
그 '다독거림'에 곧 잠드는 아이,
감추어진 참 신비이다.
그대가 가장 돋보이는 순간,
그것은 '험담' 대신
'다독거림'을 선택할 때이다.
삶에서 기피해야 할 사람,
그는 '다정(多情)'으로 채워져야 할
식탁의 담소조차 험담으로 채우는 '험담 보균자'이다.
그들을 향해 오스카 와일드는 말한다.

"그대가 싫어하는 사람을
다른 사람도 싫어하게
만들고 싶은 유혹을 조심하라"

그러니,
남을 찌르기 위해 날카롭지 마라.

그것은 '흉기'이다.
그러나 자신 안에서 꿈틀거리는
험담의 유혹을 찌르기 위해 날카로워라.
그래야 '성찰'이다.

적개심의 살청

다음은,
적대감과 적개심이 살청 되었으면 좋겠다.
이 시대는 이미 '증오의 시대'로 진입했다.
모두들 사소한 일에 극도로 분노하고
격한 증오로 그 감정을 발산한다.
고대 로마 시인 카툴루스와 제자와의 담소이다.

제　　자 : 어떤 사람이 강한 사람입니까?
카툴루스 : 나뭇잎 같은 사람이다.
제　　자 : 나뭇잎 같은 사람이요? 이해되지 않습니다.
카툴루스 : 저 호수 위에 떠 있는 나뭇잎을 보라.
　　　　　그것은 흔들릴지언정 가라앉지 않는다.

나뭇잎,

그것이 '흔들릴지언정 가라앉지 않는' 이유,

그것은 나뭇잎 스스로가 잎새 위에

그 어떤 먼지나 오물이 쌓여 있지 않은

그 '가벼움'을 항상 유지하기 때문이다.

나뭇잎은 스스로 안다.

무거우면 수장(水葬)된다는 그 엄중한 사실을.

삶 그것은,

그대 가슴에 분노 같은 적개심이

과적(過積)되어 무거움이 되는 순간 수몰된다.

'적개심'을 털어낸 '나뭇잎 같은' 가벼움,

그것만이 엄동(嚴冬)에 갇혀,

설한(雪寒)을 사는 그대를 생존시킬 '숨은 힘'이다.

작가 원재훈은 「착한 책」에서 말한다.

"미운 사람 만나거든

　다투지 말고

　그냥 날씨 이야기만 하라"

시인의 이 부탁,

간결하나 그 속은 깊다.
그렇다.

적개심,
적대감,

이들은 이 대지에
갈등을 송출(送出)하는 '피의 문화'이다
이것이 이 둘이 '살청' 되어야 할 이유이다.

작가 나다니엘 호손,
그는 소설 「주홍 글씨」에서,
사악한 의사 칠링워드의 발언을 통해
적대감을 "악마를 위한 검은 꽃"이라 규정한다.
핏기 없는 검은 꽃,
그것은 자기 곁에 있는 다른 꽃을
향기 없는 '흉한 꽃'으로 만든 후,
질식시켜 죽인다는 고대 전설의 꽃이다.

꽃을 죽이는 꽃,
그것이 "검은 꽃"이다.

적대감에 대한 작가의 이 적확한 표현,
순간 소름이 돋아 잠시 언어를 잊었다.
이를 간파한 시인 이윤설,
그는 이 시대에게 부탁한다.

"가슴에서
 지옥을 꺼내라"

가슴에서 지옥을 꺼내는 일,
사실 두렵고 떨리는 고통스런 일이다.
그러나 시인 스스로가,
자기 가슴에서 지옥을 꺼내 보았더니
뜻밖에도 그 지옥이 '작은 새장'보다
'더 작은 것'이어서 순간 놀랐다고 한다.
시인은 지금 무엇을 말함인가?

가슴에서 지옥을 적출해내는 일,
그것은 '간절함'만 있으면,
그 누구나 가능한 '쉬운 일'이라는 것이다.
그러니 그대 삶을 지옥으로 편성하는

욕망,

험담,

적대감,

곧 내 안에 '쓴 뿌리' 되어

독하게 '잔류'하고 있는 이것들,

시인의 부탁처럼,

지금 가슴 깊은 곳에서 꺼내는

이 '신성한 적출'을 집도해 보면 어떨까?

그럴 때, 그대만이라도,

이 우울한 천공(天空) 아래서

청아(淸雅)와 단아(端雅)를 살 수 있지 않을까?

꺼냄,

덜어냄,

이 두 가지 삶의 살청,

그것을 생각하다가

문득 약간 먼지 내린 책 한 권,

시인 이문재의 "파꽃"을 꺼내 읽는다.

"파가 자라는 이유는
오직 속을 비우기 위해서이다
파가 커갈수록
하얀 파꽃 둥글수록
파는 제 속을 잘 비워낸 것이다

꼿꼿하게 홀로 선 파는
속이 없다"

CHAPTER 3

트롤의 거울은 거절되어야 한다

이둔의 사과

평범한 것은 빌릴 수 있어도
최고의 것은 빌릴 수 없다.

작은 접시,
시집 한 권,
손수건 한 장,

이런 평범한 것들,
타인에게 쉽게 빌릴 수 있다.
그러나

존경,

진실,

숭고,

이렇게 특별한 최고의 것들은

타인에게 결코 빌릴 수 없다.

이것들은,

자신에 대한 치열한 내찰(內察)과

타인에 대한 섬세한 숙고(熟考) 이후에

증여되는 인격적 작위(爵位)이기 때문이다.

문득 떠오르는 신비한 과일 하나,

그것은 '이둔의 사과'이다.

이둔의 사과,

이는 북유럽 문학에 나오는 신비의 사과이다.

시간의 유한이라는 굴레를 벗은 신(神)들조차

일출 이후에 '이둔'이라는 신비한 여인이

매일 선사하는 이 사과를 먹지 않으면,

늙어 하늘의 신력(神力)을 잃어버린다는 과일이다.

신(神)조차 신(神)으로 살기 위해

매일 먹어야 했던 이둔의 사과, 그렇다면 사람이
'참사람'으로 살기 위해 매일 섭취해야 하는
이 대지의 '이둔의 사과'는 무엇일까?
그것은 피조물이 창조주 앞에서 지녀야 할 경외(敬畏),
곧 '거룩한 두려움'일 것이다.

경외(敬畏),

그것은 창조주의 신성(神性)을 '존중'하는 피조물의 감정이다.
그런 이유로 이 경외(敬畏)라는 신성한 감정이 삶을 지배할 때,
그 삶은 가지런히 정돈되며 품격 있는 질서를 갖춘다.
그 결과 악과 불의와의 '차가운 결별'도 가능하다.

그런데 이를 어쩌란 말인가?
이 땅에 그 '경외(敬畏)'가 사라졌다.
그 결과 '거룩한 두려움'도 죽었다.
즉, '세속화'가 도래한 것이다.
신학자 하비 콕스,
그는 저서 「세속도시」에서,
세속화(世俗化)에 대해 이렇게 규정한다.

"더 이상,
하나님의 말씀이
이 세상을
장악하지 못하는 상태"

그렇다.
세속화란,
종교의 권위가
더 이상 이 대지에서
유효한 강력을 발하지 못한 상태이다.
곧 신의 음성이 '말씀'이 아닌,
듣기 싫은 '잔소리'로 취급받는 상태,
그것이 '세속화'이다.

세속화의 결과,
사람들이 더 이상 하나님의 '눈치'를 보지 않는다.
자신의 삶 속에 하나님의 '개입'도 원하지 않는다.
그 결과,
기도는 사어(死語)가 되었고
신을 높이는 찬양은 폐쇄를 요구받는다.

하나님을 필요로 하지 않은 이 세대,
그래서 살아 계신 하나님이
죽은 자처럼 지내야 하는 이 시대,
그래서 신은 외롭다.
그래서 신은 아프다.
이것이 니체가 말한 '신의 죽음'이다.

한편,
신의 죽음 이후,
그 자리를 신성(神性)이 아닌,
값싼 재주, 곧 신기(神奇)가 독점했다.
이 사실을 목격한 C.S. 루이스는 말한다.

"이 시대,
 하찮은 것에 너무 쉽게 감동한다"

고상한 가치보다
하찮은 가치에 쉽게 흡족해 하는 이 시대,
이에 대한 비절한 아픔으로 인해
그 결과,
세상이 가벼워졌다.

시대가 얄팍해졌다.
삶이 기품을 잃었다.
먼지 낀 추사체에 담겨 인화된 사진처럼
모든 것이 뒤틀어진 정물(靜物)의 흔적뿐이다.

트롤의 거울

이 사실,
문학 속의 '트롤의 거울'에서 본다.
이 트롤의 거울,
안데르센 작 「눈의 여왕」 속의 '이상한 거울'이다.

트롤의 거울, 이것은 무엇인가?
사실 트롤은 학생을 가르치는 선생이다.
그런데 그는 '이상한 거울'을 갖고 있었다.
그 거울은 모든 물건의 모습을 지금보다
'더 흉하게' 보이게 하는 '악한 힘'을 가진 거울이다.
그래서 이 거울로 자신의 모습을 비춰 본 사람은
이내 우울과 낙심에 절규한다.
너무 흉한 얼굴이 자신을 바라보기 때문이다.

문제는 트롤이 이런 악을 즐긴다는 사실이다.
트롤은 수시로 이 거울로 아름다운 꽃을 비춘 후,
그 꽃이 '썩은 채소'로 투사된 모습을
학생들에게 보여 주며 즐거워한다.
그러던 어느 날,
트롤이 극히 위험한 상상을 한다.

"그래, 이제 이 거울을 천국으로 가져가
 천사와 하나님을 비추어야겠어.
 거울에 비친 자신들의 모습을 보고 놀랄 그들의 표정,
 아, 상상만 해도 즐겁다"

이 발상에 스스로 흥겨웠던 트롤과 학생들,
그 거울을 높이 들고 춤을 추다가
그만 그 거울을 바닥에 떨어트리고 만다.
순간 그 거울은 10억 개의 조각들로 깨졌고
그 조각들은 바람을 타고 날아다니다가
사람들의 심장과 눈에 들어갔다.
그 거울 조각이 사람들의 심장에 들어가면
그들의 심장은 '얼음조각'처럼 차갑게 변했고,
그들의 눈에 들어가면 사람들의 눈은

모든 것의 '나쁘고 추한 것'만을 보게 되었다.

이후 이 세상,
선을 악으로 보는 왜곡,
귀한 것을 하찮게 여기는 혐오,
진실을 거짓으로 음해하는 이간질,
이런 추(醜)한 것들로
가득 찬 '판도라의 상자'가 되어 버렸다.

불안, 저울로 잴 수 없는 무게

그렇다면,
이 시대를 왜곡으로 살게 하는
트롤의 거울은 어떤 것들인가?

그 첫째는 '불안(不安)'이다
사실 이 대지는 이미 오래전부터
이 '네 가지 불(不)'에게 심한 시달림을 당했다.

불편(不便),

불만(不滿),

불쾌(不快),

불안(不安),

아, 생각만으로도
우울을 앓게 하는 이 '네 가지 불(不)',
이 대지는 이들로 인해 '눈의 여왕'이 통치하는
몹쓸 '겨울 왕국'이 되었다.
이 가운데 특히 '불안(不安)'은
이 시대를 지배하고 있는 '강력한 암흑'이다.
불안에 붙들리면 삶이 '어둠'을 닮게 된다.
그래서 사색가 정철은 말한다.

"행복의 반대말,
그것은 불행이 아니라 불안이다"

그렇다.
새벽 1시가 되어도,
베개 아닌 '불안'을 베고 자는 시대,
여기 '불안'으로 인해,

자신의 생을 스스로 처형한 남자가 있다.
작가 까뮈의 작품 「전락」 속의 끌라망스이다.

11월 어느 날,
그의 귀에 알 수 없는 웃음소리가 들린다.
환청이지만 그 소리는 강하게 귀를 울린다.
순간 끌라망스는 그동안 기억 깊은 곳에
묻어 두었던 고통스러운 한 사건을 떠올리게 된다.
곧 3년 전에 있었던 한 여인의 투신자살에 대한
자신의 철저한 방관이었다.

3년 전 어느 날,
자정 1시를 지나던 시간에 끌라망스는
파리 중심부 센 강(江) 다리를 건너고 있었다.
순간 그는 강 난간에서 강물을 바라보고 있는
한 여인을 보게 된다.
문득 그 여인이 혹시 투신자살을 하지 않을까라는
생각이 들었지만 끌라망스는 귀찮아서 그냥 지나친다.
한 50미터쯤 지났을 때 갑자기 뒤에서 소리가 들렸다.
그녀가 다리 아래로 몸을 던진 것이다.
그 소리는 정적의 밤을 타고 매우 크게 울렸다.

돌아가서 그녀를 물에서 꺼내 주어야 한다고
생각하면서도 이미 늦었을 것이라고
애써 위안하며 끌라망스는 길을 계속 간다.
이후 끌라망스는 며칠간 신문을 보지 않는다.
여인의 자살 소식을 확인하기가 두려워서였다.

이러던 중,
끌라망스는 이 날의 고통스런 기억을 지우려
여자 친구와 대서양 횡단 여행을 떠난다.
그런데 바다를 응시하던 끌라망스,
그의 안색이 순간 하얗게 변한다.
저 멀리 바다 위에 떠다니는 검은 물체를 본 것이다.
끌라망스는 저 검은 물체가 그날 투신자살한
여인의 시신이라 여긴 것이다.

놀란 끌라망스는 갑판 위에 쓰러진다.
이 날 이후 더 깊은 죄책감에 시달리는 끌라망스,
침대에 누워도 바로 눕지 못하고
마치 좁은 감방에서 웅크린 채 자는 죄수처럼
비스듬히 쪼그려 눕는다.
끌라망스는 이때의 심경을 이렇게 밝힌다.

"잠이 들면 전락이었고
깨어 있을 때는 위축이었다"

소설의 제명(題名)처럼
끌라망스는 '전락'에 돌입하게 된 것이다.
그렇다.
미래권력의 끌라망스를 전락시킨 것,
그것은 그가 '불안'을 붙잡는 순간,
또한 '불안'에 그가 붙잡힌 순간부터였다.

불안의 치명성,
그것은 불안은 분담될 수 없다는 것이다.
가까운 그 누구와도 나누어 질 수 없는 것,
그것이 '불안의 중량(重量)'이다.

자유주의 사상을 지녔다는 이유로
28세에 사형 언도를 받고 죽음의 땅인
시베리아 옴스크로 압송되던 도스토옙스키,
그는 훗날 이 시절을 회상하며,
이때 자신 안의 '불안'을 가리켜
곧 '어둠 속에 은둔한 삶의 처형자'라고 했다.

그렇다.
세상 어떤 훌륭한 저울로도
그 무게를 잴 수 없는 실체인 '불안',
그것은 분명 날카로운 '트롤의 거울'이다.

편견, 그 외눈박이

다음,
삶을 악으로 굴절시키는
이 시대의 '트롤의 거울'은 무엇일까?
그것은 '편견(偏見)'이다.

편견,
그것은 '두 개의 눈'을 갖고도
오직 '한쪽만' 사용하는 '외눈박이'를 말한다.
그래서 세상의 '반쪽'만 보는 눈,
그것이 편견의 '오랜 표정'이다.

편견,
그것은 생각이 '독선'에 머물 때 깃든다.

질문 하나,
하늘의 태양은 무슨 색일까?
중국인들은 '노란색'이라 말한다.
유럽인들은 '흰색'이라 말한다.
한국인들은 '붉은색'이라 말한다.
어느 것이 맞을까?

사실 다 맞다.
그러나 만약 이 중,
어느 하나만 옳다고 고집하는 순간,
편견은 무섭게 그대를 잠식한다.
그런 이유로 생각의 균형,
그것은 삶의 균열을 막아 주는
정교한 근력이며 견고한 용골이다.
유대 랍비 샴마이와 제자의 대화이다.

제 자 : 선생님, 어떤 사람들이 편견에 빠집니까?
샴마이 : 생각이 어리거나 어리석은 사람.

문득,
편견과 함께 기억나는 작품 하나,

그것은 하인츠 헤거의 「핑크 트라이앵글」이다.
이 책은 아우슈비츠 수용소의 생존자가
1973년에 발간한 회고록이다.
작가는 이 책에서, 나치가 자행한 극악한 편견을 고발한다.
당시 나치는 수형자들의 왼쪽 가슴에
역삼각형 모양 헝겊을 붙여 죄수를 분류했다.

그 내용을 보면,
정치범은 빨간색, 반(反)사회주의자는 검은색,
여호와 증인은 보라색, 그리고 이민자는 파란색,
동성애자는 분홍색이었다.
특히 나치가 증오했던 유대인들은 노란색이었는데,
이 가운데 동성애를 표시하는 핑크와
유대인을 나타내는 노란색 역삼각형의 죄수는
최악의 처우를 받았다.

아리안주의에 도취한 독일 나치가 자신들의
독선적 판단에 의해 육질(肉質)에 등급을 매기듯
죄수들에게 부착한 이 치욕적인 색깔 등급,
이는 사람의 생존을 위협하는 괴물은
야수(野獸)가 아닌 '사람'일 수 있다는

사실이 증명되는 불쾌한 진실이다.

요한복음 4장,
정오쯤 예수께서 당도한 곳은,
'개들의 땅'이라 불리는 사마리아의 외진 곳 수가,
그때 사람의 시선을 피해 물 길러 나온 한 여인,
그녀에 대한 마을 사람들의 평판은 최악,
그런 이유로 주위를 살피며,
항아리에 조심스럽게 물을 담으려는 순간,
그녀에게 물 좀 달라 하시는 유대인 예수,
순간 여인의 표정이 표독으로 돌변한다.
사마리아인들을 "돼지의 영혼을 지닌 자"라며
멸시하던 그 유대인이 어찌 내게 도움을 구하는가?
이 장면을 멀리서 목격한 제자들,
이내 그 모습을 이상히 여겨 분명 불만스런 표정으로
예수께 이렇게 묻고 싶었을 것이다.

'선생님, 어찌하여 저런 여자와 말씀하십니까?'

생각이 어렸던, 생각이 어리석었던 제자들,
그 결과 제자들 눈에 보인 것은

예수의 위로가 절실한 '고단한 영혼'이 아니라,
다만 '추하고 하찮은 여자'라는 사실뿐이었다.
대나무 '회초리'보다 매서운 것,
그것은 편견의 '눈초리'이다.
제인 오스틴은 「오만과 편견」에서 말한다.

"편견은 그대가 다른 사람을
 사랑하지 못하게 하고,
 오만은 다른 사람이
 그대를 사랑하지 못하게 한다"

가장 위험한 사람,
그는 '생각이 병든 사람'이다.
곧 생각의 각도가 예각(銳角)을 닮아
흉기처럼 날카로워진 사람이다.
사상가 헬티 까마라 주교가 들려준 이야기다.

"내가 가난한 사람에게 빵을 나누어 주면
 사람들은 나를 성인(聖人)이라 부른다.
 그러나 내가 이 사람들이 왜 가난하게 사냐고 물으면
 사람들은 나를 공산주의자라 부른다"

편견의 축출,
곧 자신만 진리라는 '오만'을 베어 내고,
자신만 진실이라는 '우월'을 덜어 내려면,
그것을 확신하고 있는 '자신부터 의심'해야 한다.

한편,
생각에 대한 두 태도,
그것은 각각,

우작(牛嚼),
경탄(鯨呑),

우작은 '소가 음식을 잘게 씹는 것'이다.
경탄은 '고래가 새우를 한입에 삼키는 것'이다.
전자는 '신중'을 후자는 '즉흥'을 말한다.
생각은 '경탄' 아닌 '우작'이어야 한다.
그럴 때 '편견'이 동공에서 삭제된다.
서로에 대한 생각의 차이,
그것이 편견으로 치달아 높은 벽이 생성될 때,
사색인 에라스무스의 단문을 꺼내 읽는다.

"그대여,
차이는 우열이 아니다.
그러니 그 차이를 횡단하라"

우월감, 강자(强者)의 초라한 전리품 🌿

세 번째,
이 시대의 '트롤의 거울'은 '우월감'이다.
우월감은 자신만 '특별하다'고 여기는 병든 자긍심이다.
우월감은 지금의 자신을 돋보이게 해 주는
자신의 소유와 지위에 대한 '숭배자'가 된다.
이 은총을 허락한 신에 대한 감사는 실종된다.
이런 이유로 우월감,
그것은 자신을 경배하는 '변형된 우상숭배'이다.

또한 우월감,
스스로에 대한 자랑과 과시가 지나쳐
곧잘 타인에 대한 '판단과 멸시'로 이어진다.
자신이 '모든 것의 척도'라 과신하기 때문이다.
이런 까닭에 우월감과 교만과 동형(同形)이다.

고대 로마 시인 필리니우스는 말한다.

"구두 수선공은
 구두 이상의 것에 대해서는 결코 판단하지 말라"

우월감,
이보다 '가혹한 폭력'이 있을까?
우월감이 빚어내는 파행,
그것을 문학에서 엿본다.

"그 세 시간,
 그것은 무엇을 위한,
 또 누구를 위한 시간이었을까?"

나다니엘 호손의 「주홍글씨」,
그것을 탐독한 후 기록했던 '첫 질문'이었다.
청교도가 지배했던 17세기 보스턴,
이곳에서 발생한 불륜사건,
그 중심에 영국에서 이주해 온 헤스터 프린이 있다.
이곳에 와야 할 남편 칠링워드가 오지 않자,
외로움에 지친 그녀는 존경하는 목사 딤스테일과

사랑에 빠져 딸 펄을 낳는다.
청교도에게 용인될 수 없는 이 범죄,
끝까지 불륜의 상대를 침묵으로 보호하는 그녀를
법정은 교수대에 세우기로 판결한다.

그러나 그들이 교수대에 세운 것,
여인 헤스터 프린만이 아니었다.
놀랍게도 태어난지 얼마 안 된 딸 '펄'까지였다.
그 아기가 불륜의 증거인 악이라는 이유였다.
헤스터 프린이 아기 펄과 함께 교수대에 세워진 시간,
그것은 '세 시간 동안'이었다.

그 세 시간, 그것은 이 가련한 모녀를 정죄하면서,
스스로는 이 모녀와 '다른 삶'을 살고 있다고
자신을 격려하는 그들만의 '우월감의 시간'이었다.
두려움에 떠는 모녀를 '세 시간'이나,
세상에서 '가장 두려운 공간'에 세우고
자신들의 '우월감'을 쏟아내던 그 광장,
특히 그 우월감의 '그 세 시간',
그것은 대지에 매립해야 할 '추악한 시간'이다.
또한 우월감은 곧장 '자기 자랑'으로 이어진다.

즉, 자기를 송축하는 어리석음을 범한다.

사무엘상, 이곳에 '두 개의 돌'이 있다.
그것은 각각 '사울의 돌'과 '사무엘의 돌'이다.

먼저,
사무엘상 15장의 사울의 돌,
사울은 전쟁에서 승리한 후
자신의 전승(戰勝)을 수록한 기념비를 세운다.
이미 아멜렉과의 전투에서 통치자 아각을
자의(自意)로 석방하는 정치적 행위를 보여
하나님으로부터 폐위(廢位)를 통보받은 사울,
참회로 엎드려 자비를 구하여야 할 그 시간에,
자신의 공적(功績)에만 집착하는 사울,
이후 사울은 하나님으로부터 철저히 잊혀진다.

다음은,
사무엘상 7장의 사무엘의 돌,
사무엘 역시 미스바 성회 기간에
기습해 온 블레셋을 제압하는 압도적 승리를 거둔다.
이후 사무엘은 '돌'을 취한 후,

미스바와 센 사이에 세우고 '에벤에셀'이라 명명한다.
곧 "여호와께서 여기까지 우리를 도우셨다"라는 신앙고백이다.

사울의 돌,
사무엘의 돌,

사울의 돌이 자신을 드러내는 '오만의 돌'이었다면,
사무엘의 돌은 하나님을 드러내는 '송축의 돌'이었다.
이 '두 개의 돌'은 이렇게 서로 달랐다.
그 결과, 두 사람의 운명도 서로 달라진다.

깨어 있는 사람, 인기와 존경을 구별할 줄 안다.
그래서 청각을 즐겁게 하는
값싼 칭찬에 동공(瞳孔)이 흔들리지 않는다.
자신을 위한 기념비를 세우기도 거절한다.

깨어 있는 사람, 그들은,
칭찬과 환호, 그것이 녹이 슨 예쁜 칼에 묻어 있는
달콤한 독(毒)임을 알기 때문이다.

한편,

질병이 두려웠던 고대 그리스인,
아스클레피오스를 '치유의 신'이라 사랑했다.
그런데 아스클레피오스에게는 네 딸이 있었다.

이아소, 파나케이아,
아이글레, 히기에이아,

아스클레피오스는 첫딸 이아소를 특히 아꼈다.
그 이유를 '이름'에서 알게 된다.
이아소는 '지친 자에게 위로의 빛을'이라는 뜻이다.
그것은 의술이 단순히,
고장 난 기계를 고치는 수리 행위가 아니라,
삶을 격려하는 '정서적 치유'라는 것을
속삭이듯 알려 주는 문학적 은유일 것이다.

그러나 이 시대,
그 이아소를 '강제 추방'했다.
더불어 이아소가 아끼던 '위로'라는 어휘,
이미 오래전 사어(死語)로 등재됐다.
그 결과, 정오(正午)에도 어둠을 걷는 암울을 산다.
이제는 실종되어 그 자취 알 길 없는 이아소,

그녀의 창연한 귀향(歸鄉)은 언제쯤일까?

불안,
편견,
우월감,

삶을 반수(半睡)로 살게 하는
이 세 개의 못된 트롤의 거울.
그것은 생존을 위협하는 예리한 흉기이다.
그러니 그 트롤의 거울은 '거절'되어야 한다.
살아온 '삶의 궤적'이 빛만큼 빛났던 사람은 다 그렇게 했었다.

바람찬 11월의 냉기, 천공(天空)을 처소 삼아
안연히 쉬고 있는 저 별을 이 대지로 내몬다.
쏟아져 내리는 별의 운무(雲霧)가 화사하다.
이렇게 많은 별이 그곳에 숨어 있을 줄이야.
이럴 땐 시어(詩語)로 그 별을 환대해야 한다.

그래서
시인 한강의 시집,
「서랍에 저녁을 넣어 두었다」를 꺼낸다.

순간 드는 생각, 시인은 무슨 연유로
그 '저녁'을 '서랍'에 넣어 버린 것일까?
하루의 소중한 매듭인 그 저녁,
그것을 즐기지 않고 서랍에 유폐한 이유,
무엇일까?

시인은 '저녁'을 참 싫어했던 것이다.
시인은 '그날 하루'에 새겨진
자신 안의 그 소중한 추억과 기억들을
한순간에 어둠 속으로 사장(死藏)시키는
그 '저녁의 횡포'에 늘 불쾌했다.
그래서 '하루'를 삼켜 포식하는 그 저녁의 난폭,
그것이 못내 싫어서 시인은 서둘러
그 '저녁'을 자신의 서랍에 '감금'한 것이다.
다시는 '고개 들고' 나오지 못하도록 말이다.

문득,
나의 서랍이 궁금하다.
그 시인처럼,
나의 서랍 그곳에
힘 있게 깨뜨려 버린 세 개의 거울,

곧 불안, 편견, 우월의 잔해가
그곳에 '감금'되어 있다면 얼마나 좋을까?

이 유쾌한 상상에 박장(拍掌)하며,
빛 맑은 테라스에 기대서서
에스프레소 향이 그윽한 차 한 잔을 마시다가,
문득 저곳 서재에 앉아 있는 책상의 네 개 서랍,
그것을 날카롭게 주시해 본다.
그리고 조심스럽게 다가가,
잠시 숨 고르며 그 서랍 문고리를 잡는다.

그런데,
어? 이상하다.
갑자기,
손은 왜 이렇게 떨리는 거지?

CHAPTER 4

그대, 손잡이는 있는가?

절제, 삶에서 '더'를 삭제하는 것

그물과 싸워 이기는 물고기는 없다.
올무와 다퉈 무사할 새(鳥)도 없다.

물고기는 그물을 피해야 산다.
새는 올무를 경계해야
생존의 위기를 맞지 않는다.

그래서 약한 존재일수록
위험과 위기를 미리 예측할,
극히 '예민한 촉수'가 필요하다.

정교(精巧),

치밀(緻密),

삶을 조금 알아가면서,

그 필요성을 더욱 절감한 품성이다.

조급(躁急),

성급(性急),

이것들로 인해,

평지에서 벼랑으로 추락한

삶을 적지 않게 목격했기 때문이다.

유대 랍비 힐렐,

제자들에게 세 가지를

조심해야 '삶의 균열'이 없다고 했다.

"발을 무겁게 하는

게으름을 조심하라.

입을 가볍게 하는
자기 자랑을 조심하라.

눈을 흐리게 하는
편견을 조심하라"

물고기와 새,
이들에게 '조심'이란 필연이다.
그것이 '생존'과 직결되기 때문이다.
그럼에도 여전히,
그물과 올무에 갇히는 물고기와 새가 있다.
눈앞 먹이에 대한 '욕심' 때문이다.
천적(天敵)만큼 무서운 것이 '미끼'인데,
욕(慾)이 눈을 가리니 그것을 삼킨다.
그러니 욕(慾)을 조심해야 했다.
시인 소동파는 말한다.

"욕(慾)으로 시작한 것은
욕(辱)으로 끝난다"

그렇다.

욕심(慾)으로 시작한 것,
치욕(恥辱)과 모욕(侮辱)으로 끝난다.
이런 이유로, 욕망의 반경(半徑)이 줄어들수록
삶의 여유로움은 오히려 '증식(增殖)'된다.

절제, 그것은 욕망의 반경(半徑)을
대폭 줄여 주는 유일한 힘이다.
마치 '맹그로브 나무'처럼 말이다.
해일의 위험이 있는 동남아 해안가에는
맹그로브 나무가 군락(群落)으로 심겨 있다.
그것은 맹그로브 나무의 특성 때문이다.
이 나무는 지진, 화산 폭발의 여파로 밀려오는
해일의 반(半)을 제 몸으로 흡수하는 나무이다.
이로 인해 그 피해는 극소(極小)가 된다.
그들에게 방파제가 되어준 고마운 나무이다.

그렇다.
절제는 맹그로브 나무이다.
삶을 집어삼킬 듯 밀려오는
욕망, 오만, 허영의 노도(怒濤)를 제압하여,
삶이 그것에 침수되지 않게 막아 주는 힘,

그것이 '절제'이기 때문이다.

절제, 그것은 자신의 삶에서 '더'라는
탐욕의 부사(副詞)를 삭제하는 행위이다.

더 많이,
더 높이,
더 크게,

이런 이유로,
절제가 무너지면 삶은 난장(亂場)이 된다.
출어(出漁)하는 배는 '닻'과 '돛'이 필요하다.
정박을 위한 무거운 닻,
배를 통제하여 바람의 방향을 타기 위한 돛,
이 두 가지가 제대로 작동해야
그 배는 만선(滿船)과 귀항(歸航)이 가능하다.
특히 '돛'이 잘 제어되어야 좌초되지 않는다.
절제를 겸손과 같은 얼굴로 여겼던 C.S. 루이스,
그는 「순전한 기독교」에서 말한다.

"진정한 겸손이란,

자신을 낮추는 것이 아니라
자신을 '덜' 생각하는 것이다"

자신의 유익을, 자신의 높아짐을
덜 생각하는 행위가 겸손이며 절제이다.

절제, 그것은 '삶의 돛'이다.
위기의 삶을 급정거 시켜 줄 제동장치,
그것이 곧 '절제'이다.
그런 이유로 '돛'이 부러진 삶,
곧 '절제의 붕괴'는
좁은 벼랑을 '외발'로 걷는 위험이다.

황금 머리를 가진 남자

기원전 4세기,
그리스 철학자 아리스토텔레스,
그는 저서 「니코마코스 윤리학」 제 7권에서,
삶에서 피해야 할 '세 악덕'을 경고하는데,
그 가운데 가장 위험한 것,

아크라시아,

이것이라 했다.
사실 '아크라시아'는 그리스인들이 항해 중
배를 좌초시키는 암초를 발견하고
그 위험을 경고할 때 외치던 위급언어였다.
그런데 아리스토텔레스는
이 '아크라시아'를 항해언어가 아닌
삶을 파쇄하는 '악독의 으뜸'으로 해석했다.
그렇다면 '아크라시아'는 무슨 의미인가?

"이미, 자제력을 잃어버려 위험한"

이것이다.
그들은 알고 있었다.
절제의 상실인 '아크라시아'는
사나운 악어의 입에 자신의 머리를 넣는
행위만큼 위험하다는 사실을 말이다.

"황금 뇌를 가진 사나이",
절제의 붕괴로 삶이 파산된 비극을

담아낸 알퐁스 도데의 철학적 우화(寓話)이다.

작고 한적한 도시,
이곳에 '황금 뇌를 가진 사나이'가 있다.
물론 이 사실은 극비이다.
이 남자도 열여덟 살이 되어서야
이 사실을 어머니로부터 듣고 알게 됐다.
아이의 머리 속이 황금이라는 사실을 안 후,
어머니는 아이가 밖에 나가지 못하도록 감금한다.
아이가 투정을 부릴 때마다 엄마는 말한다.

"애야, 넌 나한테 보물이란다.
 누가 널 훔쳐 가면 안 되거든"

이후 아이가 자라 열여덟 살이 되자,
부모는 이 비밀을 아이에게 말해 준다.
이 사실에 놀라 당혹해 하는 아이,
이런 아이에게 부모는 강한 어조로 말한다.

"너를 이 만큼 키워 주었으니
 그 대가로 네 머리의 금을

조금 떼어다오"

아이의 머리에서 금을 떼어 달라는 부모,
그 금이 곧 아이의 '머리'인데 말이다.
아이가 금 한 덩어리를 머리에서 떼어 주니
부모는 부자가 되었다고 기뻐 환호한다.
그러나 곧 이 아이에게 비극이 찾아온다.

자신이 황금을 지닌 부자라는 사실을 안 이후,
아이는 집을 떠나 향락을 위해
머리에서 그 금을 거침없이 떼어 사용한다.
그러나 이 남자가 몰랐던 사실,
그가 머리에서 금을 떼어 낼 때마다
사실 그의 뇌는 점차 작아지고 있었다.
이에 따라 눈빛은 흐려지고 생각도 단순해진다.

얼마 후,
이 남자가 한 여인과 사랑에 빠진다.
허영을 즐기는 금발의 아름다운 아가씨였다.
그러나 이게 그에게 무슨 문제가 될까.
황금을 머리에 담고 사는 부자인데 말이다.

끊임없이 보석, 구두를 사달라는 그녀,
이 남자는 머리에서 금을 떼어 선물해 준다.
다만 자신의 부(富)가 어디서 나오는지는
끝까지 말해 주지 않는다.
이후 2년의 세월이 흐른다.

그러던 어느 날 아침,
이 아가씨가 갑자기 세상을 떠난다.
아내의 뜻밖의 죽음,
모든 것이 무너진 이 남자,
혼자된 이 남자는 조금 남아 있는 금으로
죽은 아내를 위한 성대한 장례식을 치른다.
더 이상 금이 필요치 않던 이 남자,
남은 금을 교회에 기부하고 상여꾼에게도 준다.

아내의 장례식 이후,
이 남자의 뇌에는 금이 거의 남아 있지 않게 된다.
약간의 금 조각이 먼지처럼 붙어 있을 뿐이다.
어느 날 낙심한 채 거리로 나선 이 남자,
진열장의 백조 깃털 장식의 파란 구두를 보게 된다.
죽은 아내가 평소 좋아하던 구두였다.

"아내가 이 구두를 신으면 얼마나 아름다울까"

이 남자,
아내가 세상을 떠난 사실도 잊은 채
상점 안으로 급히 들어간다.
이 남자의 흉측한 모습에 점원은 경악한다.
곧 이 남자, 한 손은 백조 깃털로 장식한
파란 구두를 들고 계산대 앞으로 다가온다.
다른 한 손은 온통 피로 물들어 있다.
자세히 보니 손톱 아래에는 머리에서 긁어낸
금 부스러기가 여기저기 묻어 있다.
비틀거리며 계산대 앞에 선 이 남자,
이내 그 자리에 쓰러진다.
이후 그는 더 이상 숨을 쉬지 않는다.

황금 머리를 가졌던 이 남자,
그의 슬프도록 아픈 죽음,
그것의 시작은 '탕진(蕩盡)'이었다.
황금의 탕진,
그것은 '황금만의 고갈'이 아닌
이 남자의 생(生)의 고갈로 이어졌다.

로마인들은 '쾌락'을 '룩수리아'라 했다.
그것은 '모든 것을 탕진하는'이라는 뜻이다.
쾌락의 '감춰진 민낯'을 정확히 파악한 혜안이다.

오늘날,
시간, 물질, 재능 같이 자신 안의 '귀한 것'을
소중히 다루지 못하고 함부로 탕진하는
'황금 머리'를 가진 사람들이 얼마나 많은가?

잘 다루지 못한 행복,
그것은 '불행'과 다름없다.
고대 로마 시인 세노파네는 한탄했다.

"이 풍부가 나를,
 가난하게 하였도다"

손잡이와 문고리

한편,
향락을 향한 질주,

이것에 휘둘려 넘어지지 않으려면,
필히 '손잡이'가 필요하다.

손잡이,

살아가면서 그것의 고마움을 절감한다.
폭주하는 열차 안에서 휘청거리는
자신의 몸을 지탱하기 위한 둥근 고리,
어둔 밤에도 닫혀 있는 문을
쉽게 열 수 있도록 도와주는 문고리,
그것이 '손잡이'이다.
그 '손잡이'가 있음으로
삶은 '안전'과 '편리'를 동시에 누린다.
그러나 손잡이가 부서진 삶,
그것은 '벼랑을 가슴에 이고 사는 삶'이다.

절제,

그것은 '삶의 손잡이'이다.
벼랑 끝에 서 있는 발을 꽉 붙잡아,
추락에 제동을 걸어 줄 강력한 '손잡이'이다.

또한 '쾌락'에로의 수몰을 방지하는 견고한 제방이다.
이런 까닭에 쾌락은 절제를 껄끄러워 한다.

영국 서사 문학의 정점,
"아더 왕과 랜슬롯"을 본다.
카멜롯의 권력자 아더 왕,
그는 지상 통치자들이 갖고 싶어 하는
신검(神劍) 엑스칼리버의 주인이다.
엑스칼리버는 리나퀸 호수에 사는 비비안 요정이 지키는 칼로
이 검을 손에 넣는 자가 세계를 통치하게 된다는 전설의 검이다.
지금 그 신검이 아더 왕의 손에 있다.
어느 날 책사(策士) 멀린이 와서 묻는다.

"왕이여,
당신에게 엑스칼리버와 칼집,
이 중 어느 것이 더 귀합니까?"

아더 왕은
망설임 없이 말한다.

"멀린,

그거야 당연 엑스칼리버가 아닌가."

순간 멀린의 표정은 굳어진다.
왜 그랬던 것일까?
사실 지금까지 아더 왕이 모르는 것이 있었다.
그것은 엑스칼리버의 '칼집의 힘'이었다.
그 '칼집'은 어떤 상처든지 '하루'만에
치유하는 신비한 힘이 있었다.
지금까지 아더 왕이 치른 많은 전쟁 중,
그의 생명을 지켜 준 것은
사실 신검 엑스칼리버가 아닌 '칼집'이었다.
그러니 아더 왕이 이제까지 그랬던 것처럼,
앞으로도 전쟁에서 죽지 않기 위해선
사실 '칼'보다 '칼집'을 더 귀하게 여겨야 했다.
아쉽게도 아더 왕은 이 진실을 깨닫지 못했다.

절제,
그것은 '엑스칼리버의 칼집'이다.
쾌락의 위험으로부터
이 땅을 치유하는 '숨어 있는 강한 힘'이다.

절제, 기다리는 힘

이제,
절제에 대해 묵고해 본다.
절제는 어떤 힘일까?
그것은 '기다릴 줄 아는 힘'이다.
절제는 조급을 멀리하는 기다리는 힘이다.
절제는 시간, 사람, 기회를 고요히 기다린다.
사실 이 대지의 깊고 진한 아름다움,
이것들은 '오랜 시간의 기다림'이 만든다.
그래서 '시간'은 때로 '작은 창조주'이다.
세월이 베푸는 '시간의 세례'를 받지 못한 것,
그것은 틀림없이 '설익게' 된다.

용설란, 가시연꽃,
토란꽃, 소철나무꽃,
대나무꽃, 고구마꽃,

이들 모두,
백 년 만에 피는 꽃이다.
백 년이라는 시간의 '기다림'으로 피어

대지를 농향(濃香)으로 채우는 꽃들이다.
기다림에 실패하면 설익는다.
그것을 '미숙(未熟)'이라 한다.
곧 '아직 덜 익었다'는 것이다.
조금 더 기다리면 '성숙(成熟)'을 맛볼 수 있으련만
때를 기다리지 못한 농부,
그 성급과 조급이 미숙(未熟)을 자초한다.
그리고 성숙에서 조금 더 기다리면,
이후 '후숙(後熟)'이 찾아온다.

후숙,
그것은 수확을 거둬들인 익은 과일이
이후에도 스스로 '조금 더 익는 것'을 말한다.
곧 떫은 감을 사흘 정도 바구니에 담아 두면,
부드럽게 익어 단맛 내는 연시(軟柿)가 되듯 말이다.
후숙을 통해 익힌 연시(軟柿)는, 처음부터 잘 익어
가지에서 수확한 홍시(紅柿)와는
또 다른 독특한 맛을 낸다.
후숙의 침례를 받은 과일,
이후 극상의 맛을 식탁에 선사한다.

절제,
그것은 인격이 '후숙'이 되는 시간이다.
그 '후숙'에 실패한 인격은 '부실(不實)'이 된다.
어릴 때는 '좋은 것'과 '싫은 것'만 보인다.
젊어서는 '옳은 것'과 '잘못된 것'만 보인다.
그러나 나이 들면 '진짜'와 '가짜'까지 보인다.
삶에 그 '후숙'이 깃들었기 때문이다.

아물다.
여물다.

이 두 개의 동사,
지친 세상을 위로, 격려하기 위해,
하나님께서 각별히 이 대지에
새겨 놓으신 '천상(天上)의 어휘'이다.

아물다,
그것은 삶을 신음하게 만든 상처가
치유되어 그 흔적이 지워지는 상태이다.
아물어 '통증'이 사라지면,
더 이상 울지 않게 되니 참 좋다.

여물다,
그것은 곡식이 '씨알'에서
오랜 기다림 이후 '알갱이'로 익은 것이다.
여물어 익은 것,
그것은 사람을 살리는 '양식'이 되니 참 좋다.

아물다와 여물다,
그 두 신비는 '부실'과 '설익음'을
압도적으로 제압한 '오랜 시간의 승리'이다.
그 '둘의 생존'이 있음으로
이 대지에 아직 '희망의 생존'이 가능했던 것이다.
이 모두 조급과 성급을 이겨낸 '기다림'의 시간,
곧 절제가 만든 고마운 '후숙'이다.

창세기 26장의 이삭,
그는 '절제의 사람'이었다.
그것도 '온유'를 깃들인 함량 높은 절제였다.
자신이 머물던 땅에 기근이 와
이삭이 우물을 파자 그를 시기한 블레셋 목자들이
이후 그가 소유했던
아브라함의 우물을 흙으로 메워 훼손한다.

유목, 농경사회에서 우물을 파괴하는 것,
그것은 생존을 위협하는 전쟁 행위이다.
이 사실을 모를 리 없는 이삭,
이삭도 삽을 들고 그랄 목자들의 우물을
똑같이 훼손하고 이어 '칼'을 들고 응징해야 했다.
그러나 이삭은 '삽'과 '칼'을 잡지 않고
그곳을 조용히 떠나 세 번 더 우물을 판다.

그러나 집요한 그랄 목자들,
우물을 파손하는 도발을 멈추지 않는다.
이를 목격한 이삭의 반응,
맑은 표정을 지으며 우물의 이름을
에섹과 싯나, 르호봇이라고 명명할 뿐이다.
이는 자신의 심정을 하나님께
고요히 고발하는 이삭 특유의 저항 방식이었다.

이삭의 선한 행위에 충격을 받은 그랄 민족,
이후 권력자 아비멜렉과 책사(策士) 아훗삿
그리고 군대장관 비골이 먼저 이삭을 찾아와
불가침조약을 맺자고 엎드려 청원한다.
이는 자신들의 '패배의 시인(是認)'이요

이삭의 '승리에 대한 공개적 선언'이었다.

"승리 가운데 가장 대수롭지 않은 승리는
 약한 자에게서 폭력으로 쟁취한 승리이다"

삽과 칼,
이 흉기와 무기를 잡지 않고도 승리했던 이삭,
그래서 대수롭지 않은 승리가 아닌
매우 '특별한 승리'를 취득했던 이삭,
그것은 그랄 목자의 거친 공세 앞에서도
스스로 분노와 혈기를 제압할 수 있었던
절제의 승리였다.

절제, 그것은 삶의 쉼표 🌿

절제,
그것은 '쉼표'를 지참하는 것이다.
탁월한 지휘자는 음표 사이에
살며시 위치한 '쉼표의 위력'을 안다.
그 '쉼표의 적막' 이후 터지는 총주(總奏)의 감동,

그것은 활자로는 표현 불가한 전율이다.

이렇듯 절제는,
욕망을 향한 삶의 질주에 잠시 '쉼표'를 찍고,
달려왔던 지난 발걸음을 복기(復棋)하는 힘이다.
그래서 '삶의 녹색 쉼표'인 절제,
그것은 전방(前方)만 아닌 좌우 측면도
바라볼 줄 아는 조망과 시야를 확보해 준다.

"준비에 실패하는 것은
 실패를 준비하는 것이다"

모든 준비 가운데,
특히 절제를 준비하지 못한 사람,
곧 삶의 실패를 준비하고 있는 것이다.
무능만큼 위험한 것,
그것이 의욕을 넘어선 '과욕'이다.

과욕의 시작은 '병든 열정'이다.
그리고 열정은 때로 뜨거움 때문에
소중한 것을 보지 못하는 우(愚)를 초래한다.

병든 열정의 그 맹목(盲目)의 치유,
그것이 절제이다.

대지약우(大智若愚),
곧 "큰 지혜는 어리석어 보인다"라고 했다.
절제가 꼭 그렇다.
때로 평범해 보여도,
가끔 유약해 보여도,
사실 절제는 '숨어 있는 강한 뒷심'이다.

있어야 할 것이 없는 것,
그것을 '불행(不幸)'이라고 한다.
없어야 할 것이 있는 것,
그것을 '비극(悲劇)'이라고 한다.
이 세대가 '불행'과 '비극'이라는
엇갈린 두 표정을 '자기 얼굴'로 갖게 된 것,
그래서 삶이 조난에 처해 흔들리는 것,
그것은 이 대지에,
절제가 퇴각하고
과욕이 입각한 이유일 것이다.

「부에노스 아이레스의 열기」,
남미 시인 보르헤스의 시집이다.
그는 이 시집에 실린 시(詩) "비",
그것의 셋째 연(聯)에서,
여름비를 "유리창을 눈멀게 하는 비"라 했다.
시인은 거대한 도시 부에노스 아이레스의
온갖 추함을 매일 목격하며 살아야 했다.
그것을 매일 창밖으로 바라보아야 했던 시인,
시력을 잃은 맹목(盲目)으로 살고 싶었을 것이다.

그러나 어느 여름날,
창문을 뒤흔드는 열대성 폭우가 내린다.
그 빗줄기가 창문에 사각(斜角)으로 흐르니,
창문은 더 이상 이 시인에게
그 추(醜)한 외경(外境)을 보여 주지 않는다.
비로소 시인은 안식을 얻는다.

이 "비"라는 시를 알게 된 이후,
가끔 이런 폭우를 기대한다.
절제와 멈춤이 사라진 이 대지,
그래서 욕망과 탐욕이 분주한

그 '창밖의 추한 풍경'을 씻겨 주었던 비,
곧 그 시인이 보았던 '그 폭우'를 말이다.

세상에서 가장 오래 빛나는 일,
타인이 아닌 '자신을 설득하는 일'이다.
곧 과잉이라는 '검은 손'에게
목덜미를 잡힌 채 끌려가던 병든 자신,
그런 자신을 멈추게 해 주는 손잡이인
그 '절제'와 지금 사귀어 보면 어떨까?

지금,
북촌 한옥마을을 걷는다.
옛것을 천 년 세월로 품고 있는 이곳,
모든 것이 느리다.
종탑 시계 속 초침(秒針)과 분침(分針)도
늦은 봄날 '벚꽃 떨어지는 속도'처럼
꼭 '두어 걸음' 늦게 흐른다.
속도와 속력이 해체된 이곳,
그래서 삶의 가속(加速)이 허용되지 않고
오히려 '반(半) 박자의 감속'이 요구되는 곳,

아,
이곳에 '절제'가 살고 있다.
그래서 시간이 공간에게 굴복된
이곳의 소소한 풍광(風光),
분명 평범한데 '우아한 특별'이 깃들어 있다.
순간 작가 투르게네프의 글이 기억난다.

"절제, 그것은
 평범한 가치조차 위대한 가치로
 격상시키는 유일한 예술이다"

CHAPTER 5

삶에도 입동(立冬)은 있다

타인(他人)은 지옥이다

그새,
밤이 다녀갔다.

이끼 묻은 등나무에
몸을 기대 새벽을 기다리던 햇살,
밤새 쌓인 어둠을 해체하고
여명(黎明)을 재촉하며 창살에 도달한다.
밖을 보니 밤(夜)이 부서져 이미 흩어졌다.
순간 그 부서진 밤의 틈새로
서늘바람이 창틀을 툭 치며 스며든다.

그 소리에 놀라 눈 떠보니,
아, 오늘이 입동(立冬)이다.
'차가움(冬)이 서 있다(立)'라는 입동,
그것이 지금 내 곁에
추색(秋色)을 걷어내고 재색(灰色)으로 찾아왔다.

입동(立冬) 오니,
액자 속에 조용히 갇혀 있는 흑백사진처럼
지상 위의 모든 것이 한순간에 정지한다.
이어 사나운 추위를 지상에 흩뿌려
천공의 별까지 얼어붙게 한다.
그러고 보니 입동(立冬)은
생(生)의 환희를 유폐시키는 냉정한 절기이다.
그래서 입동은 겨울나기가 버거운
가난한 사람들의 '한숨이 시작되는 시간'이기도 하다.

그런데 입동(立冬),
그것은 절기만이 아닌 '삶'에도 있다.
곧 '삶의 입동(立冬)'이다.
삶에 입동이 깃들면 사랑, 너그러움, 배려와 같은
하늘에 속한 이 땅의 신성한 가치를 '냉동'시킨다.

약자(弱者)들의 유일한 위로인 희망까지 '결빙'시킨다.
참 두렵다.

그렇다면, 삶의 입동,
그것은 언제 유입되는가?
서로가 서로에게 '타인(他人)'이 될 때이다.
곧 사람이 사람에게 '남'이 될 때이다.
작가 G.K. 체스터튼은 말한다.

"지상에서
 가장 빙점이 낮은 냉혈언어,
 그것은 '타인'이라는 활자이다"

그렇다.
'타인(他人)'의 태생은 겨울이다.
그래서 온기와 열기가 깃들지 않는 언어이다.
타인(他人)의 단어 구성을 보라.
타인(他人)의 '타(他)'는 두 의미를 지닌다.
그 하나는 '다르다'이며,
다른 하나는 '밖에 서 있다'이다.
즉, '타인'이란, '그와 다른 사람이 되다'와

또 '그 사람의 밖에 서 있다'라는 의미를 갖는다.
사색가 몽테뉴는 말한다.

"사람은 괴로울 때보다
 외로울 때 더 아프다"

외로운 사람의 그림자는
그렇지 않은 사람의 그림자보다 더 검다.
사실 사람에게 있어,
그리움과 외로움보다 더 '잔인한 형벌'은 없다.
또한 그 '잔인한 형벌'은
서로가 '타인이 되는 순간'부터 시작된다.

작가 김승옥의 소설 「무진기행」,
이 소설 끝부분에 이르면,
바닷가 숙소에서의 음악교사 하인숙과
주인공 윤희중과의 대화가 나온다.

"세상에서
 제일 먼저 편지를 쓴 사람은
 어떤 사람이었을까요?

내가 말했다.

아마 선생님처럼 외로운 사람이었겠죠?"

이 시대는 외로운 사람들이
힘없는 손으로 편지를 쓰는 시대이다.
이 참담은 여전히 서로가 서로에게
낯선 표정을 한 채 '밖에 서 있는 타인'이어서이다.

사람은 자기가 좋아하는 것을 닮는다

중세 철학,
삶의 두 방식을 제시한다.
그것은 각각,

호모 아파세티코스,
호모 심파세티코스.

호모 아파세티코스,
이는 타인의 불행과 비극에 관여하지 않고
자기 삶만 집중하여 '평심'을 유지하는 삶을 말한다.

곧 이웃은 없고 '자기만 있는 삶'이다.

호모 심파세티코스,
이는 타인의 불행과 비극을 체감하여,
자신의 삶을 드려 격려, 치유하는 삶을 말한다.
결국 '그를 살려 자신도 사는 삶'이다.

FILO,
이것은 화재 진압을 위해 투입된 소방관들이
준칙(準則)해야 할 구호(救護) 서약이다.
그 의미는 "First In, Last Out",
곧 화재 현장에 "가장 먼저 들어가 가장 늦게 나온다"이다.
이 위험하고 무모한 행위를 준칙(準則)하는 그들,
그것은 그들에게 약속된 '위험수당의 매력'만으로는
설명될 수 없는 거룩한 신비이다.
이 신비를 가능하게 한 것,
그것은 세상을 지금보다 더 고매한 품위로
격상시킬 힘이 '호모 심파세티코스'임을 체득한
그들이 그 철학을 날카로운 삭도(削刀)로
심장 깊은 곳에 새겼기에 가능했을 것이다.
사색가 쇼펜하우어는 말한다.

"사람들은 자기가 좋아하는 것을 닮는다"

호모 아파세티코스,
호모 심파세티코스,

서로 다른 이 두 가지 삶의 형식 중,
그대는 어느 쪽을 닮아가고 있는가?
지금, 신(神)은 그 답변을 기다리고 계신다.

한편,
타인이 위험한 것,
그것은 타인이 '외면(外面)'이라는
차가운 얼굴을 갖고 산다는 것이다.

외면(外面),
그 누구의 필요를 고개 돌려
차갑게 거절하는 '죽은 얼굴'이다.
그런 까닭에,
외면은 '타인의 얼굴'이다.
작가 셰익스피어는 말한다.

"사람이란,
 이 편도, 저 편도 아닌
 결국 '자기 편'이다"

고서(古書)는,
벗의 유형을 네 가지로 구별한다.

첫 번째 유형은 '외우(畏友)'이다.
외우(畏友)란, 어떤 경우든지 서로를 존경하고
신의를 지키는 품위 있는 친구를 말한다.

두 번째 유형은 '밀우(密友)'이다.
밀우(密友)란, 벗이 어려울 때 자신을 드러내지 않고
뒤에서 은밀히 보호해 주는 조용한 벗을 말한다.

세 번째 유형은 '일우(昵友)'이다.
일우(昵友)란, 벗이 즐겁고 기쁠 때만
그 곁에 머무는 벗이다.
이는 곧 자신의 벗이 고통 중에 있을 때
기꺼이 그의 곁을 떠날 수 있는 벗을 말한다.

네 번째 유형은 '적우(賊友)'이다.

적우(賊友)란, 이익을 위해 친구를 악용하는 자요

이익을 놓고 벗과 음흉하게 다투는 사람을 말한다.

일우(昵友)와 적우(賊友),

그들은 이미 '벗'이 아닌 '타인'이다.

불이익을 받게 되면 외면할 채비가 되어 있는 '장사꾼'이다.

이런 까닭에,

타인의 의미를 정서적으로 주해하면,

"타인 그것은,

　가슴에 온(溫)이 식은 존재,

　표정에 유(柔)가 사라진 인격,

　언어에 정(情)이 말라버린 품성"

이것이다.

타인이란, 가슴에 심장 대신 납(鈉)을 지닌 존재이다.

가슴속이 '납'으로만 채워진 존재,

그는 이미 '신의 형상'이 아닌 '악령'이다.

이 아픈 사실,

역사 속의 '아일랜드의 감자'에서 확인해 본다.

아일랜드의 감자,

1845년에 아일랜드에서 발생한 '감자 기근'이라는

식량 재앙으로 인해 약 250만 명이 아사(餓死)한

참극을 일컫는 역사언어이다.

남아메리카 안데스 산맥에서 시작된 감자,

이 감자는 유럽으로 유입되자마자 주목을 받는다.

그것은 감자가 지닌 식품으로서의 편리함 때문이었다.

감자는 다른 작물처럼 특별한 조리법이 필요치 않다.

간단히 물과 소금에 삶아 먹거나 불에 익히면

곧 일용할 식탁이 되는 천연 양식이었다.

독일 작가 괴테의

"지금 이 땅엔 악마의 저주인 담배와 신의 은총인 감자가 있다"

라는 말에서 알 수 있듯이,

감자는 당시 17세기 아일랜드의 가난한 소작인들에겐

매우 특별한 신의 선물이었다.

그러나 얼마 후,

영국의 섬유 산업의 발달로 인해

아일랜드의 목화 산업이 도산하게 되자,

아일랜드 사람들은 양식 확보를 위해 부득이

감자 재배를 늘릴 수밖에 없었다.

그러나 소작인들에게는 감자를 경작할 토지가 없었다.
결국 소작인들은 지주들에게 높은 임대료를
지불하고 경작지를 빌려 감자 재배를 하게 된다.

이러던 중 예기치 못한 문제가 발생한다.
그 당시 아일랜드는 씨감자를 미국에서 들여왔는데,
1843년 미국에서 발생한 감자 마름병이
1845년 유럽을 거쳐 3개월 만인 그 해 10월에
전 아일랜드까지 퍼지게 된 것이다.
그 결과 전 지역 아일랜드의 감자는 썩기 시작한다.
그래서 기아와 영양실조로 인한 질병으로
1851년까지 240만 명이 죽음을 맞는 참사를 겪게 된다.
특히 유아와 여자들의 아사(餓死)가 컸다.
죽음의 땅이 되어버린 아일랜드,
이전 850만 명이었던 아일랜드의 인구는
죽음과 이주(移住)로 인해 200만 명만이 남게 된다.

그러나 문제는,
당시 아일랜드를 식민지로 지배하던 영국이
이 죽음의 기아 사태를 해결하기 위해
그 어떤 지원도 하지 않고 방관하여

그 피해와 고통을 가중시켰다는 것이다.
당시 영국은 네덜란드, 스페인과 함께
새로운 식민지 확보를 위한 암투를 벌이고 있었다.
풍부한 원자재와 노동력이 보장되는 식민지에 비해
가난한 땅 아일랜드는 영국에게 더 이상 매력이 아니었다.

이런 이유로,
영국은 아일랜드의 참혹에 눈을 감았고, 그 참상에 귀를 가렸다.
이는 사실상 제노사이드(genocide),
곧 암묵적 '대량학살'이었다.
이때의 상흔(傷痕)은 아일랜드의 기억에
깊게 각인되어 지금까지도 영국을 증오하고 있다.

아일랜드의 감자 재앙,
그것의 시작은 가뭄이라는 천재(天災)였다.
그러나 인재(人災)로 종결된 참극이었다.
가난, 질병, 굶주림이라는 삶의 입동을 겪는
아일랜드에 대해 철저히 '타인'이 되기로 선택한 영국,
그 결과 아일랜드에게 '지옥'을 안겨 주게 된다.
사르트르는 희곡 "출구 없음"에서 말한다.

"사람이 사람에게 타인이 되는 것,
 그것이 지옥이다"

지옥이란,
불행에 대한 연민이 침묵하는 곳,
비극에 대한 애도가 사라지는 곳,
고통에 대한 긍휼이 밀봉되는 곳이다.
그런 이유로, 지옥은 사후(死後)만 아닌
생(生)의 공간 속에 현존하는 영역이다.
곧 '생지옥(生地獄)'이다.

창세기 4장,
분노라는 위험한 감정을 해소 못한 가인,
그가 아우 아벨을 살해한 후,
하나님으로부터 "아벨이 어디 있느냐"라는
매서운 추궁을 받을 때 그가 내세운 논리,

"내가 아우를
 지키는 자입니까?"

가인의 논리,
그것은 "아벨을 지키는 것은
그의 제사를 받으신 하나님의 몫인데
왜 제게 그 책임을 요구하십니까?"라는
불쾌하고도 강력한 항변이다.
그러나 가인은 틀렸다.
형은 위험으로부터 아우를 지켜 주고
고통으로부터 아우를 보살펴 주는 위치이다.
그럼에도 가인은,
아벨에 대해 '타인'의 위치에 선다.
이런 가인의 태도에 분개하신 하나님,
그에게 평생 떠도는 방황의 순례를 선언하신다.
아우에게 '타인'이 되기를 선택한 가인,
하나님께서는 그런 가인을 '타인'으로 대하신다.
이후 하나님은 가인의 고통을 보시고
타인으로부터의 보복을 막아 주시기 위해
표를 주는 긍휼을 베푸신다.

작가 루이스 캐롤의 「이상한 나라의 앨리스」,
이 작품의 말미를 보면,
열아홉 살의 앨리스와의 싸움에서 패한

악한 통치자 붉은 여왕에게 내린 형벌,
그것은 "친구도, 위로도 없는 곳으로의 추방"이었다.
날 위해 곁에서 울어 줄 단 한 사람도 없는 공간,
그래서 모두가 자신에게 타인인 지평(地平),
그것이 지상의 '가장 참혹한 감옥'이기 때문이다.
그렇다. 타인은 곧 '지옥'이다

개미들의 입맞춤 🍃

개미들의 입맞춤,
이는 기원후 2세기,
고대 로마문서에 나오는 기록이다.
제국 로마는 집정관에 등극한 권력자에게
이 '개미들의 입맞춤'이라는 덕목을 요구했다.
개미들의 입맞춤이라는 생소한 정치언어,
그것은 무엇을 의미하는가?

더운 여름날,
개미들이 짧은 다리를 바쁘게 움직여 길을 간다.
그러다 맞은편에서 다가오는 개미들을 만난다.

잠시 그들만의 방법으로 의사를 교환한 후,
갑자기 개미들은 서로 '입맞춤'을 한다.
이 행위를 유심히 살펴보던 고대 로마인,
이것을 개미들 사이의 '반가운 인사'로 해석했다.
그래서 이후,
로마인들은 귀인끼리 만나면
존경의 표현으로 서로 입을 맞추는 행위,
곧 '바치오 디비나'(Bacio Divina)를 했다.
또한 이후 이 행위는,
사익(私益)을 위한 배신, 배반이라는 악덕 대신,
공익(公益)을 위한 신의, 희생을 선택하라는
정치적 의미가 더해진다.
이후 로마 권력자들은 정적(政敵)을 암살할 수 있는 칼과
부정한 뇌물을 탐하지 않겠다는 의지의 표현으로
상시 '주머니 없는 의상'인 흰색 토가를 착용했다.

그러나 사실을 말하면,
당시 로마인들은 잘못 알았다.
개미들의 입맞춤,
그것은 존경과 반가움의 표현이 결코 아니었다.
그것은 더운 날 아직까지 먹이를 먹지 못한

굶주린 개미에게 이미 먹이를 충분히 먹은 개미가
굶주린 다른 개미를 살리기 위해 자신의 입에 담고 있는
그 양식을 나눠 주기 위해 '서로 입을 맞추는 것'이었다.

개미들의 입맞춤, 그것은,
생(生)을 나누는 구휼(救恤),
활(活)을 공급하는 긍휼(矜恤),
그것의 '살아 있는 실현'이었다.

개미에게 '입맞춤'이 있다면,
박쥐에게는 '거꾸로 매달리기'가 있다.
곧 동굴 천장에 거꾸로 매달리는 박쥐이다.
이는 무슨 의미인가?
가축의 피를 흡혈하며 사는 박쥐,
퇴화된 시력으로 인해
가축이 잠든 밤에 활동해야만 하는 박쥐,
그들은 야간에 흡혈을 마치고 동굴로 돌아가면
모두 천장에 거꾸로 매달려 휴식을 취한다.

박쥐,
왜 그리 불편한 자세로 휴식을 취할까?

거기에는 이유가 있었다.
밤에 나간 박쥐 중에는 흡혈을 하지 못한 채
동굴로 돌아오는 경우가 적지 않았다.
흡혈에 실패한 박쥐들,
그들은 밤새 배고픔에 시달려야 했다.
그 고통을 서로 알고 있던 박쥐들,
그래서 충분히 흡혈을 한 박쥐가
흡혈에 실패한 박쥐에게 피를 나눠 주기 위해
그들이 선택한 방법은 모든 박쥐가
천장에 '거꾸로 매달리는 것'이었다.
그렇게 하면 이미 위(胃)에 저장된
그 피를 다시 밖으로 흘려보낼 수 있게 되고,
그 결과 다른 굶주린 박쥐들이 그 아래서
흘러내리는 그 피를 마시기에 용이하기 때문이다.

박쥐,
그들이 불편한 자세로 천장에 매달려 있는 이유,
그것은 다른 박쥐의 불행을 못 본 체하는 것이 불편하여
견딜 수 없었던 동료 박쥐들의
자(慈)와 애(愛)의 살아 있는 '행위 고백'이었다.

컴퍼니(company),

친구 또는 회사를 말하는 영(英)단어이다.
그런데 이 단어의 구성이 참 철학이다.
컴퍼니(company)라는 어휘는,
라틴어 '콤파니오(companio)'에서 유래했는데
이는 '함께(com)'와 '빵(panio)'의 합성어로서
그 의미는 '빵을 함께 나누다'이다.
고대 로마인들에 의하면,
생존에 필요한 빵을 '약자(弱者)'와 나누는 곳,
생명에 필요한 빵을 '빈자(貧者)'에게 베푸는 관계,
그것이 벗이요 친구라는 것이다.
단어 하나에도 철학을 담는 로마인들의 현명,
참 경탄이다.

빵을 나누는 곳에 '타인'은 없다.
빵이 둘로 나뉘는 순간 '지옥'은 소멸된다.
다시 기억하는 철학자 베르쟈예프의 말,

"나를 위해 준비한 빵은 물질이지만
남을 위해 준비한 빵은 이미 정신이다"

개미들의 입맞춤,
천장에 거꾸로 매달려 있는 박쥐,
그것은 컴퍼니(company)의 실현이며,
지금도 '타인의 시절'을 당연한 듯 살아가는
이 시대 냉혹한 인류에게
작은 미물들이 정색하며 항의하는 행위예술이다.

설중송탄(雪中送炭)

그렇다면, 이미 타인들의 군락(群落)으로 변해
서로 추워 떨고 있는 이 대지,
그래서 실향(失鄕)을 사는 이 대지를 신음하게 하는
'삶의 입동'의 치유는 가능한가?
충분히 가능하다.
이 대지가 '설중송탄(雪中送炭)'을 살면 된다.

"대설(大雪) 속에 갇혀 있는 사람에게
  땔감을 보낸다"

무슨 말인가?

한적한 산골에 눈이 크게 내렸다.

주위 사면이 눈으로 덮이고 막혀

산 아래로 나가는 길이 없다.

이제 곧 그들에게,

아사(餓死)와 동사(凍死)가 찾아올 것이다.

이때 이 사실을 알게 된 산 아래 사람들,

뜻을 모아 '설중(雪中)'에 있는 사람들에게

추위를 잘 견디라고 '송탄(送炭)', 곧 '땔감'을 보낸다.

여기서 우리는 예감한다.

땔감을 보내 준 사람들이 어찌 땔감만 보냈겠는가.

그들은 분명 땔감과 함께 고운 솜털 넣은 옷,

잘 익힌 고구마도 담아서 분명 함께 보냈을 것이다.

이후 설중(雪中)의 사람들,

그 송탄(送炭)에 감격하며 생존을 유지했을 것이다.

얼마 후,

눈이 녹고 문을 열고 나온 그들,

그날 이후 그들은 어떤 삶을 살았을까?

송탄의 사람들에게 고마움의 표현으로 가벼운 목례만 했을까?

결코 아닐 것이다.

자신들을 살린 '송탄(送炭)의 사랑'에 놀란 그들,
이후 '송탄(送炭)의 삶'을 살기로 약속했을 것이다.

그대여,
그대부터 이제 '땔감'을 집어라.
그리고 그 땔감을 어깨에 메고
눈 속을 헤치며 산중으로 걸어가라.
그래야 그대도 살고 그들도 산다.

73,

이 소박한 숫자,
그러나 카피라이터 정철에 의하면,
이 숫자가 이 대지를 살리는 '하늘 숫자'란다.
참 궁금하다.
이 '73'이라는 숫자가 무엇이기에
감히 삶에 '벅찬 재활(再活)'을 제공하는 신비일까?

아, 그랬다.
이 73이라는 숫자,
그것은

나의 체온 36.5

그대의 체온 36.5

이 '두 숫자'의 '인격적 합산(合算)'이다.

한 개인 '36.5'로는 아무것도 할 수 없다.

이 대지 위에 발생한 모든 기적,

그것은 '73'이라는 숫자가 창조한 결과물들이기 때문이다.

헬렌 켈러는 말한다.

"혼자서 할 수 있는 일은 너무 적고,

 함께 할 수 있는 일은 매우 많다"

이 시대,

'자기를 위한 팔'은 있지만,

'남을 위한 팔'은 이미 절단됐다.

그래서 이 대지는 타인의 체온 '36.5'가 투하시킨

삶의 입동의 행패에 매서운 시달림을 겪고 있다.

그래서 상시 설한(雪寒)을 산다.

카피라이터 정철은 또다시 들려준다.

"세상에는 세 종류의 사람이 존재한다.

 그것은,

남자와 여자, 그리고 '혼자'이다"

그대,
이 세 사람 중,
지금, 누구인가?

PART 2

사 랑 이
위 독 하 다

어떤 눈물은
때로 빛보다 눈부시다

CHAPTER 6

사랑이 위독하다

그대여, 깨지면 위험하다

깨지면 위험하다.
깨진 것도 위험하다.

아름다운 거울,
깨지면 송곳 닮은 '칼날'이 된다.
아끼는 찻잔,
깨지면 손을 베는 날선 '낫'이 된다.

꽃 담은 화병,
깨지면 눈 찌르는 '유리 못'이 된다.

차가운 얼음,
깨지면 가슴 찌를 수 있는 '톱날' 된다.

어찌 사물뿐이랴,
삶, 그리고 사람도 그렇다.

정직이 깨지면,
삶은 불신으로 우울을 앓는다.
미소가 깨지면,
세상은 조소(嘲笑)로 들끓는 광대가 된다.

약속이 깨지면,
사람은 의심으로 미쳐가는 광기에 빠진다.
신뢰가 깨지면,
심장은 증오로 넘실대는 멀미를 한다.

용서가 깨지면,
이 땅은 비방이 만든 빙하(氷河)를 산다.
희망이 깨지면,
그대 선 곳,
한숨과 죽음이 활보하는 무덤이 된다.

겸손이 깨지면,

그대 발 닿는 곳,

무례함에 정복 당한 오지(汚池)가 된다.

배려가 깨지면,

그대 바라보는 곳,

강한 자만 생존 가능한 '늪지'가 된다.

깨지면 위험하다.

깨진 것도 위험하다.

이 사실을 알려 주는 문학이 있다.

엘리위젤의 희곡 "샴고로드의 재판"이다.

총 3막으로 구성된 이 짧은 희곡,

등장인물이 여덟 명뿐인 단출한 작품이다.

때는 1646년, 폴란드의 한적한 마을 샴고로드,

이곳에 2년 전 딸 한나의 결혼식 때,

독일의 무차별 습격으로 마을 전체가 학살당하고,

그 과정에서 그날 결혼식을 앞둔 신부였던

딸 한나는 성폭행을 당해

그 충격으로 정신착란에 빠진다.

이 참혹을 가슴에 품고 사는 아버지 베리쉬,

여관을 운영하며 슬픈 생존을 이어간다.

어느 날,
적국 독일이 재침공을 계획하고 있다는 소식이 전해진다.
순간 참았던 베리쉬의 분노가 치솟는다.
그것은 독일에 대한 분노만 아닌
이제껏 자신이 신뢰했던 하나님에 대한 분노였다.
2년 전, 가장 행복해야 할 딸의 결혼식이
독일의 학살로 지옥이 되고,
지상에서 가장 아름다워야 할 딸은
그 비극으로 '정신적 불구'로 살게 되는
그 현장을 목격하셨으면서도,
이제껏 어떤 설명도 없이 침묵하신 그 하나님,
곧 있을 독일의 재침공에도
전(前) 같이 여전히 구경만 하실 하나님,
베리쉬는 이런 하나님을 용서할 수 없었다.

"이제부터, 하나님은
 우리 집에 출입금지야"

그러던 중,

이 마을에 유대인 명절 부림절을 맞아
음유시인 멘델, 아브레벨, 얀켈이 찾아온다.
이들은 마을을 찾아다니며
시와 연극을 무대에 올려 공연하고
대가를 받는 떠돌이 악사(樂士)들이었다.
베리쉬는 세 악사들에게
하나님의 무능을 폭로할 연극을 부탁한다.
곧 하나님을 법정에 세우자는 것이었다.

이에 동의한 악사들,
이후 민첩하게 연출에 돌입한다.
연극 제목은 "신의 전능과 무능",
하나님을 고발한 원고는 베리쉬와 딸 한나,
그 증인은 여관에서 일하던 소녀 마리아,
하나님 측 변호인은 이 마을 청년 샘,
가장 중요한 역할인 판결은 세 악사가 맡는다.

1649년 2월 25일,
재판 형식의 연극이 개정(開廷)된다.
원고 베리쉬는 판사에게 절규하며 호소한다.

"우리가 필요로 할 땐 침묵하고,
우리가 필요할 때만 나타나는 신,
이런 게으르며 이기적인 신,
이 신은 과연 신의 자격이 있는 것일까요?"

신의 자격을 박탈하자는 베리쉬,
이어지는 피고 한나의 피맺힌 절규,
증인 마리아의 처절한 호소,
순간 관객은 숙연해진다.
변호인 샘이 필사적으로 하나님을 옹호하지만.
이제 하나님의 유죄는 거의 확정적이다.

그러나 후에 밝혀지지만,
샘은 사실 하나님을 대적하는 마귀였다.
그는 표면적으로는,
독일의 공격을 하나님이 충분히 막아 주실 것이라는
감언(甘言)으로 마을 사람들을 위로하지만,
사실은 이 거짓을 믿게 하여 마을 사람들이
피난을 가지 못하게 한 후,
곧 들이닥칠 독일의 공격으로
마을 사람들이 다시 학살당하게 하여,

그 원망과 책임을 다시 하나님께
돌리려는 술책을 갖고 있었던 것이었다.

결국 판결이 내려진다.
인간의 고통에 반응하지 않은 하나님은 유죄,
그러나 한 번 더 하나님께 기회를 주어,
이번엔 독일의 침공을 막아 주실 것을 기대하자며
'집행유예'를 내리고 폐정(閉廷)한다.
이 판결을 들은 샘,
음흉한 미소 속에 마을을 떠난다.

얼마 후, 예상대로 독일은 재침공했고,
이 마을은 더 큰 학살로 참혹을 맞는다.
이후 이 마을 사람들,
더 이상 하나님의 전능하심을 믿지 않게 된다.
결국 이 재판의 승자는 '마귀'가 된다.
참 많이 아프다.

베리쉬의 비극,
그것은 하나님에 대한
베리쉬의 '깨어진 신뢰'에서 시작된다.

그 신뢰의 '깨어짐'은
하나님을 법정에 세우는 선택까지 하게 된다.

깨어지면 나뿐만 아닌,
곁에 있는 사람도 위해(危害)를 입는다.
베리쉬의 '깨어짐'이 결국,
샴고로드 마을까지 '깨지게' 했듯이 말이다.

깨어짐,
그것은 이처럼 위험한 것이다.
특히 이 땅에 남은 유일한 신성(神性)인 사랑,
이것만큼은 깨어서는 안 된다.
이것까지 깨지면,
이 땅은 제비가 물어 온 '봄'이 와도
청둥오리가 붙잡고 있는 '겨울'을 살게 된다.

이 시대의 불행,
그것은 사람들이
사랑에 대한 '어휘'는 많이 알고 있지만
정작 사랑에 대해서는 백치(白痴)라는 사실이다.
세상이 혈전(血栓)에 막힌 혈관처럼

극심한 부정맥(不整脈)을 앓고 있는 이유,
바로 이것 때문이다.

자기를 위해 사랑하지 마라

그렇다면,
생(生)을 살리는 객토(客土)인 사랑,
그것이 깨지는 이유는 무엇일까?

사랑의 파열,
그것의 첫 원인,
그것은 '자신만을 위한 사랑'을 해서이다.
자신만을 위한 사랑,
그것은 그 어떤 수사(修辭)로 치장해도
한낱 '욕망'일 뿐이다.

자신의 행복,
자신의 신분 상승,
자신의 불행의 치유,

이것들을 취득하기 위해,
그 사랑이 선택될 때,
그 사랑은 이미 '사랑의 지위'를 잃은 '욕망'이다.
사랑이 욕망으로 갈아타면,
그 사랑은 금속성 파열음을 내며 잘게 부서진다.

세상에서 가장 초라한 사랑,
그것은 자신의 '욕망'을 채우기 위한
값싼 도구로 그 사랑이 선택될 때이다.
이 사실을 '몰리와 애덤 사건'에서 확인해 본다.

몰리와 애덤 사건,
지금까지도 유전자 학계에서
그 윤리성 논란이 끊이지 않는 사건이다.

어느 날 6세 여아 몰리에게
희귀유전자병인 '팬코니 빈혈증'이 진단된다.
이 질병의 유일한 치료는 골수 이식,
곧 조혈모세포 이식뿐이었다.
그러나 유전자 부작용이 없는 골수 이식을
받는 것은 현실적으로 불가능했다.

불치에 가까운 이 질병에 부모는 절망한다.

얼마 후,
몰리를 살릴 수 있는 방법이 제시된다.
그것은 골수 이식 외에 조혈모세포를 얻을 수 있는 방법으로
몰리와 똑같은 유전형질을 갖게 될
새 아이를 낳는 것이었다.
결국 몰리를 살릴 조혈모세포를 얻기 위해
그 부모는 애덤이라는 남아를 출산한다.

이후 애덤의 탯줄과 태반에서 얻은
그 조혈모세포로 몰리는 기적적으로 치유된다.
몰리는 물론 부모도 기뻐한다.
불치(不治)에 대한 의학의 찬란한 승리였다.
그러나 몇 년 후 애덤이 부모에게 묻는다.

"엄마,
나는 왜 태어난 거야?"

순간,
부모는 침묵할 수밖에 없었다.

아이에게 들려줄 답을 찾지 못했기 때문이다.
누나를 살리기 위해 세상에 태어난 애덤,
그것은 분명 가치 있는 출생임에는 틀림없다.

그렇지만 그 출생은,
마이클 베이 감독의 영화「아일랜드」에서처럼,
부자들의 질병 치유를 위한 장기(臟器) 공급 목적으로
실험실에서 배양된 복제인간의 그것과 다르지 않다.
이 사실을 뒤늦게 안 애덤,
이후 '정말 행복할 수 있었을까?'라는 의문,
사실 오랫동안 떠나지 않았다.

사랑,
그것은 '사랑'을 위해 존재해야 한다.
이외 사랑은 불순(不純)이요 불륜(不倫)이다.
자신만을 위한 사랑,
그것은 처음부터 설렘과 고마움으로 시작된
순애(純愛)가 아니기에 손익(損益)에 민감하다.
그래서 사랑에 대한 '예약'도 빠르고
그 사랑에 대한 '해지(解止)'도 빠르다.
곧 쉬 날아가는 '먼지 같은 사랑'이다.

시인 라이너 마리아 릴케는 말한다.

"자기를 위하여 이웃을 사랑하지 말라.
그것은 사랑에 대한 모독이다"

자기를 위해 이웃을 사랑하는 것,
그것은 아무리 미화(美化)해도
한낱 '세련된 이기심'일 뿐이다.

사랑, 기다림으로 완결되는 것

사랑의 파열, 그것의 그 두 번째 이유,
그것은 '조급함'이다.
사랑에서 삼가야 할 것은,
참아줌을 상실한 조급한 속단이다.
사랑을 파문(破門)시키는 녹슨 도끼,
그것이 '성급함'이기 때문이다.

화가 모딜리아니,
그의 작(作) "푸른 눈의 여인"(1917),

얼굴이 긴 여인의 그림으로 알려진 이 작품,
그 기막힌 사랑을 취재해 본다.

벨 에포크(Belle Epoque) 시절의 파리,
두 연인 화가 모딜리아니와 쟌 에뷔테른,
화가 지망생이었던 여인 쟌,
그녀가 가난과 결핵, 마약에 취해 사는
모딜리아니를 만난 것은 1917년 허름한 카페에서이다.
자신의 딸보다 14세 연상이며 미래가 보이지 않는
이 무명 화가에게 소중한 첫딸을 줄 수 없었던 부모,
이후 3년이라는 시간이 흐른다.
모든 사람은 그들의 결별을 조심스럽게 예측한다.
그러나 이 둘은 서로를 격려하며 사랑을 채워 간다.

이후 모딜리아니,
아내이며 모델인 쟌을 위해 20여 점의 그림을 남긴다.
모딜리아니는 처음으로 행복을 소유해 본다.
그러나 점차 악화되어가는 모딜리아니의 건강,
그는 아내 쟌이 자신의 곁을 떠날지 모른다는
그 두려움을 망각하고자 하여 술을 의지한다.

결국 1920년 1월 24일,
모딜리아니는 결핵으로 인한 뇌막염으로 숨을 거둔다.

그가 세상을 떠나자,
파리의 시선은 아내 쟌에게 집중된다.
그녀의 이후 선택에 대한 궁금 때문이었다.
모두들 쟌이 파리를 떠나
안락한 부모의 곁으로 갈 것이라 여겼다.
그러나 들려온 충격적 소식,
모딜리아니가 없는 이 세상이라면
더 이상 숨 쉴 이유를 찾지 못한 쟌,
그녀는 사랑했던 모딜리아니의 뒤를 따라
그 날 5층 창문에서 투신하여 죽음을 택한 것이다.
모딜리아니가 숨을 거둔 지 불과 '여섯 시간 후'였다.

이 여섯 시간,
그것은 쟌이 소유한
모딜리아니에 대한 '사랑의 거리'였다.
곧 그 '여섯 시간'이라는 짧은 시간조차도
모딜리아니와의 분리를 견딜 수 없었던 쟌의 사랑,
비록 짧았던 그들의 사랑이었지만,

독주와 폐병, 그리고
우울증으로 시달리는 모딜리아니를 위해
참고 기다려 준 여인 쟌의 사랑,
그 사랑은 이미 '신앙'이었다.

조급한 의심,
성급한 비판,

이것들은, 사랑을 불구(不具)로 만들어
장애(障碍)로 살게 하는 가해(加害)이다.
고대 그리스의 신전 벽에
음각으로 새겨진 글 하나가 있다.

"현명한 재단사는 천을 자르기 전
 반드시 그 치수를 두 번 잰다"

끝까지 기다려 주는 것,
끝까지 믿어 주는 것,
그것이 사랑의 내피(內皮)와 외피(外皮)이다.

그렇다면, 사랑의 파열을 막기 위해

기억해야 할 준칙(準則)은 무엇인가?

해 주는 것,
하지 않는 것,

이 두 가지를
잘 선별하여 행사하는 것이다.
사랑은 그대가 사랑하는 사람이
좋아하는 것을 기쁘게 해 주는 것,
그대가 아끼는 사람이
싫어하는 것을 하지 않는 것,
이 두 가지의 '산뜻한 조화'에 있다.
전자를 통해 사랑은 '시작'되고
후자를 통해 그 사랑은 '완결'되기 때문이다.

그대의 사랑이
한낱 쾌락의 지위를 벗고
숭고의 지위를 제위 받기 위해서는,
사랑하는 사람이 '좋아하는 것'을
기막히게 해 주는 재치보다,
사랑하는 사람이 '싫어하는 것'을

조심스럽게 삼가는 품격을 장착해야 한다.
그래야 '그 사랑'이 사랑스럽다.
그러나 이런 사랑, 참 어렵다.
그래서 희귀하다.

사랑하는 것이 사랑받는 것

아모르(amor),
라틴어로 '사랑'이라는 단어이다.
그런데 이 '사랑'(amor)이라는 단어,
'죽음'(mors)을 포함하고 있다.
이것이 우연일까? 아닐 것이다.

그 누구를 사랑한다는 것,
그것은 사랑으로 인해 매일 지불되어야 하는
'자기 죽음'과 '자기 소멸'을 예견하고
그것을 기꺼이 수납하는 행위이다.

그런 이유로,
사랑은 '자기 파괴'인 희생, 배려, 이해,

이런 고비용이 청구되는 신성한 행위이다.
철학자 쇠렌 키에르케고르,
「결혼에 관한 약간의 성찰」에서 말한다.

"결혼과 사랑, 그것이 숭고한 이유,
 그것은 머리가 아닌
 가슴이 결정하는 일이기 때문이다"

사랑과 결혼,
그것이 이 땅에서 여전히 신성(神性)으로
예우 받는 것은 머리 아닌 '가슴'이 시켜서 하는
삶의 성례(聖禮)이기 때문이다.

진기(盡己),
한자어로 어떤 대상을 위해
스스로 '자기(己)가 사라지도록(盡) 사는 삶'이다.
사랑을 이토록 적확하게 주해한 어휘가 또 있을까?
사랑은 '진기(盡己)'여야 한다.
남은 힘이 없도록 사랑하는 것,
그것이 사랑에 대한 '정중한 예의'이기 때문이다.

북미 라코타 사람들,
그들은 아끼던 친구가 죽으면
일 년간 신을 신지 않고 '맨발'로 살았다.
또한 매일 아침마다 벗이 묻힌 곳을 찾아가
맑은 물을 주위에 뿌려 땅이 마르지 않게 했다.
벗을 추모하기 위해 택한 그들만의 방식,
그것은 '가슴'이 시켜서 하는 '진기(盡己)'였다.

진기(盡己)가 배제된 사랑,
그것을 욕망, 욕정이라 부른다.
욕망은 집착으로 인해 서로가 '칼'이 되어
스스로를 해하는 자해(自害)와
상대방을 해하는 가해(加害)를 반복하며
괴롭히다가 끝내 '깨지게' 되는 것이다.
교부 어거스틴은 말한다.

"사랑하는 것이 사랑받는 것이다"

그러나 이 시대의 사랑,
뜨겁기만 한 사랑, 곧 '열애(熱愛)'뿐이다.
그래서 삶 전부를 전소(全燒)시킬 만큼

강한 불길을 지닌 그런 '열정'을 품고 있어야
비로소 '사랑'이라고 단언한다.

그러나 열애,
서툰 조급함과 집착으로 인해
서로를 '불편'하게 하고
때로 '불쾌한 위험'을 초래하게도 한다.
사랑이 분출과 발산이 아닌 수렴과 수납일 때
비상한 아름다움이라는 사실을 애써 모른 체 한다.

이 때문인가?
모두들 사랑을 쉽게 말한다.
그래서 사랑이 너무 쉬워졌다.
사랑이 쉬워지니 사랑이 가벼워졌다.
사랑이 가벼워지니 쉽게 깨지고 부서진다.

고대 이집트인들이 청혼할 때 하는 말,

"그대와 함께 오래,
 집을 짓고 싶습니다"

사랑과 결혼에 대한 그들의 이해,
그것은 사랑과 결혼은 텃밭에 앉아
한가로이 나물을 심는 '작은 수고'가 아니라,
거친 대지 위에 긴 시간을 들여 집을 짓는
'큰 노동'으로 이해했던 그들의 통찰,
그래서 사랑에 '자신만을 위한 사랑'인
이기심과 조급이 '한 톨'이라도
깃들 여지조차 철저히 봉쇄하고자 했던
그들만의 청혼 철학,
사랑의 실체를 명확히 꿰뚫고 있는 현(賢)이다.

사랑 그것은,
피와 눈물이 있는 노동이어야 한다.
그래야 균열 없는 견고를 산다.

이해,
기다림,
참아줌,

이런 수렴(收斂)의 사랑,
그것은 실로 고요하나

자기 몸의 200배의 무게를
감내하는 '거미줄'의 그것보다 강건하다.
그러나 고요한 수렴보다
격렬한 발산에 탑승한지 이미 오래인 사랑,
그래서 그 깊이 있는 심층(深層)은 사라지고
얄팍한 단층(單層)의 유희로 전락한 사랑,
참 서럽다.

사랑도 '간호'가 필요하다

이 시대, 사랑의 지위를
이미 박탈당한 '깨진 사랑'이 위세이다.
그 '깨진' 위험한 사랑이 지금 '나도 사랑이다'라고
당당히 발언하여 우리를 당혹하게 한다.

이 시대,
이 '깨진 사랑'의 직할 통치를 받는 시대이다.
그리고 그 '깨진 사랑'의 쇄도(殺到)에
참사랑이 유린되는 시대이기도 하다.
이 '깨진 사랑'과 '참사랑'과의 마찰,

그리고 '깨진 사랑'의 강렬한 위세 앞에서
점차 드러나는 '참사랑'의 수세(守勢),
이 무력감에 순간 좌절한다.

그렇다고, 이 '깨진 사랑'의 횡포에 상처 받아
참사랑하기를 계속 망설이는 우(愚)도 범하지 말라.
그것은 아기를 목욕시킨 후,
목욕물을 버리다가 아기까지 함께 버리는 어리석음이다.
니체는 말한다.

"지극히 아름다운 사랑도
 약간은 쓰다"

지극히 아름다운 사랑도
약간은 써서 아프다는데,
잘 깨지고 자주 부서지는 '가벼운 사랑'이야
더 이상 무슨 말이 필요하겠는가?

문제는, 이 시대의 사랑이
가짜 사랑, 곧 욕망에 의해
매우 심한 손상을 입었다는 것이다.

그 내상(內傷)이 의외로 깊어
지금 사랑이 매우 '위독(危篤)'하다.
시급한 응급(應急)이 필요한 시점이다.

깨져 가는 사랑,
깨져 버린 사랑,
그래서 위독해진 사랑,
그것을 목격하며 밀려오는 불안과 처참함,
그렇다고 그대, 이 처절함 앞에서
조사(弔詞)를 읊는 애도(哀悼)만 하겠는가?
아니다.
그것은 너무 '한가한 저항'이다.
깨진 사랑은, 그런 것으로는 복원(復原)되지 않는다.

그 깨진 사랑,
그래서 위독해진 사랑은,
집을 짓는 '커다란 수고'로만 회생된다.
자신을 스스로 죽이는 '녹색 순교(殉敎)'를
통해서만 한껏 재활(再活)된다.
그래도 만약,

"이런 힘든 사랑,
 꼭 해야 합니까?"

라고 그대가 묻는다면,
작가 김연수의 방식으로 대답한다.

"파도가 바다의 일이라면,
 사랑은 사람의 일이다"

CHAPTER 7

세 개의 부고(訃告)

누구나 가슴속에 '벼랑'이 있다

부고(訃告),

생(生)을 압류하는 선언,
곧 '죽음'을 알리는 소식이다.
이 '사망'이라는 붉은 소인(消印)이
짙게 찍힌 채 송달된 급보(急報),
그래서 누구나 받기 싫은 비보(悲報),
그러나 피할 수 없는 숙보(宿報)이다.

"오늘,

 어머니가 죽었다"

까뮈 작(作) 「이방인」, 그것의 첫 문장이다.
이는 이 시대가 부고의 시대에
진입했음을 통고하는 까뮈의 예언적 통찰이다.
이 시대는 '부고의 시대'이다.

붕괴,
몰락,
파산,

이런 부고의 단어들이
급보로 생(生)의 노트에 매일 등재된다.
죽음,
그것은 자살이든 타살이든,
멀리 '시간 밖' 미래의 일이 아니다.
그것은 현재의 분침(分針)으로
우리 곁으로 쇄도하는 '살아 있는 현실'이다.
작가 장석주의 글,

"사람들은 누구나
 자기 가슴속에
 벼랑 하나쯤 품고 산다"

벼랑,
그것은 생(生)과 사(死)의 경계이다
벼랑에서 한 발자국 뒤로 물러서면 삶,
벼랑에서 한 발자국 앞으로 가면 죽음이다.
그런 벼랑을 가슴에 품고 사는 삶,
그것은 생의 희망과 즐거움이 파쇄되어
눈물을 캐내며 사는 삶일 것이다.
삶이 난민(難民) 되어 버린 이 현실,
이런 굴곡이 너무 아프고 안타까워,
조그만 신음으로 이 상념을 터트려 본다.

"사람들이
 다가올 죽음을 두려워하는 것만큼,

 지금 사는 삶을
 더 두려워할 수 있다면,

이 대지는

상시(常時) '맑음'일 텐데"

사람은 사실 '죽음'보다 '삶'을

더 두려워해야 비로소 '맑게' 살 수 있다.

지금의 '삶'을 두려워하는 태도가

이후 '아름다운 죽음'을 선약(先約)하기 때문이다.

"게르니카",

화가 피카소의 1937년 작(作),

349센티미터×776.6센티미터의 대형 벽화이다.

이 작품의 도상(圖上)을 보니,

울부짖는 소와 말,

목이 사라진 군인과 버려져 방치된 시신들,

그 곁에서 죽은 아이를 안고 절규하는 어머니,

흑백 모노톤으로 그려진 이 그림,

아름다움과 결별한 참 불편한 화폭이다.

불쾌와 기이(奇異)를 담은 이 그림,

무엇 때문일까?

스페인 북부 바스크 지방의 게르니카,
당시 스페인은 내전 중이었다.
1936년 총선에서 승리하여 의회를 장악한
스페인 인민전선에 불만을 품은 프랑코 장군,
그가 반란을 일으킨다.
전세가 불리했던 프랑코는 악수(惡手)를 둔다.
곧 나치 독일에게 지원을 요청한 것이다.
나치 독일의 히틀러는 의용군이라는 명목으로
콘도르 사단을 파병했고 폭격 지원도 약속한다.

1937년 4월 26일 오후 4시 30분,
게르니카 상공에 나타난 나치 폭격기 24기,
전율할 만한 폭탄을 투하했고 장날이라 분주했던
게르니카 사람 2천 명이 이유도 모른 체 학살된다.
그 숫자는 마을 인구의 반(半)이었다.
치안을 위한 무기가 1정 밖에 없을 정도로
전략적으로 중요한 도시가 아니었던 게르니카,
그런데 왜 나치 독일은 게르니카를 폭격한 것일까?
그것은 놀랍게도 무기 성능 테스트가 이유였다.
나치 독일은 새로 개발한 폭격기와 폭탄의
성능을 실험하고자 게르니카를 공습한 것이다.

당시 파리에서 작품 활동을 하고 있던 피카소,
1937년 스페인 정부로부터 파리 만국 박람회의
스페인 관(館)에 전시할 그림을 의뢰받는다.
작품을 구상 중이었던 피카소,
그해 5월에 자행된 이 소식에 분노한 그는
고국 스페인에서 비인간적인 만행을 고발하기 위해
"게르니카"를 4주 만에 완성한다.
피카소는 "게르니카" 후기에 이런 글을 남긴다.

"지금, 스페인의 모든 것은 죽었다"

피카소,
그는 "게르니카"를 통해,
나치의 폭탄에 이유도 모른 체 쓰러져 간
그때 '게르니카 사람들'의 슬픈 부고만이 아닌,
그 만행을 자행한 스페인의 부고를 알리려 했다.
이런 이유로 부고(訃告),
그것은 '숨을 거두는 순간'만이 아닌,
살아 '숨 쉬는 존재'도 맞이할 수 있는 기습이다.
이를 '생(生)의 부고'라 한다.

이제,

화가 귀도 레니의 1662년 작(作),

"베아트리체의 초상(肖像)"을 본다.

"베아트리체의 초상",

13세기 로마에 실재했던 비극을 담아낸 작품이다.

그림 속의 베아트리체는 로마 귀족 가문의 딸이었다.

14세였으나 미모, 총명이 특출하여 많은 사랑을 받았다.

문제는 그녀의 아버지 프란체스코 첸치였다.

탐욕에 찬 추악한 자였던 프란체스코는 베아트리체를

2년간 성(城)에 가두고 해서는 안 될 몹쓸 짓을 했다.

베아트리체,

그녀의 삶은 수치로 인해 철저히 해체된다.

하나님의 존재까지 차갑게 부정하는 데 이른다.

베아트리체의 '죽음 같은 삶'을 지켜 보던 오빠 자코모,

그리고 베아트리체를 연모하던 베르나르도,

결국 참다못해 그녀에게 극단적 제안을 한다.

"베아트리체여,

이 악마를 죽여 버립시다.

이 행위로 저주받아 훗날 지옥에 갈지언정,
이 악마를 죽여 지금의 지옥부터 벗어납시다"

이 제안에 베아트리체는 열흘간 갈등한 후,
'지금의 지옥'으로부터 벗어나기로 결심한다.
곧 베아트리체는 아버지에게 아편을 먹여 잠들게 하고,
자코모와 베르나르도가 그를 살해한 후,
시신을 발코니 밖으로 던져 실족사로 위장한다.
이제 모든 고통이 끝난 듯 했다.
더 이상 베아트리체에게 눈물이 없을 줄 알았다.

그러나 그게 아니었다.
죽은 프란체스코는 로마의 유력자였다.
그의 죽음이 알려지자 온 로마는 충격에 빠진다.
특히 프란체스코의 죽음에 의문을 제기한
검시관에 의해 이 사건은 타살로 규정된다.
이후 3개월에 걸친 치밀한 수사,
결국 베아트리체가 용의자로 긴급 체포된다.
자백을 위한 혹독한 심문과 고문,
베아트리체는 순순히 자신의 죄를 시인하면서도,
살인에 가담한 두 사람에 대해서는 끝까지 침묵한다.

결국 이 살인은 베아트리체의 단독 범행으로 종결된다.

이후 재판은 신속히 개정(開廷)되고,
검사와 베아트리체와의 치열한 법정 논쟁이 벌어진다.
그녀는 자신이 겪어야 했던 2년간의 참혹,
그 짐승 같았던 고통을 진술하며 눈물로 절규한다.
그러나 검사는 그녀가 유산상속을 위해 벌인
잔인하고 혐오스런 범죄로 몰아간다.
살기 위해 악한 짐승을 죽여야 했다는 그녀의 호소,
그러나 죽은 프란체스코 첸치와 각별했던
여섯 명의 재판관들은 그녀의 말을 위증으로 여긴다.
결국 향후 세 번에 걸친 항소도 기각되고
존속살인이라는 죄목으로 그녀는 사형이 언도된다.
11개월 후, 베아트리체의 사형은 공개로 집행된다.

마침 그 현장에 있었던 화가 귀도 레니,
그가 그 비애의 순간을 기억에 담아 그린
작품이 바로 "베아트리체의 초상"이다.
그림 속 베아트리체,
거기에는 예쁜 사랑을 받으며
이 세상을 아름답게 살고 싶었던 그 소박한 꿈조차

차갑게 거절당한 비애, 체념이
무반주 모노톤으로 깊게 서려 있다.
14세의 소녀가 지상에 남긴 마지막 표정,
그것은 내가 아는 한 지상에서 '가장 슬픈 표정'이다.

"베아트리체의 초상",
이 그림은 이 시대에게,
세 개의 '생(生)의 부고'를 알려 준다.

경청(傾聽)의 부고,
사유(思惟)의 부고,
윤리(倫理)의 부고,

이것들이다.
화폭에 실려 있으나
은폐되어 있었던 그 세 개의 부고,
그 숨은 매듭을 하나씩 해제(解除)해 본다.

경청의 부고(訃告) 🌿

이 그림,
이 시대에게 '경청의 부고'를 고지한다.
소녀 베아트리체의 비극,
그것은 무엇이 만든 것일까?

듣지 못함,
듣지 않음,

슬프게도 이것이었다.
그녀에게 사형을 언도한 여섯 명의 재판관들,
그들은 지옥에서 벗어나기 위해
'살아 있는 악마'를 죽여야 했던
어린 소녀의 피맺힌 절규와 젖은 눈동자에서
아무 소리도 듣지 못했다.
아니 듣지 않았다.
그들의 관심,
오직 그녀에게 언도할 '형량의 숫자'뿐이었다.
이 판결의 오류(誤謬)보고서,

"그들이 듣지 않아서
 결국 그녀는 죽었다"

듣지 않아서 사람이 죽은 참사,
그것이 어찌 이때뿐이겠는가?
이 시대는 '경청(傾聽)'이 죽었다.
자기 '혼자'만 말하는 독백을 즐긴다.
듣지도, 들으려고도 하지 않는다.
화려한 능변(能辯)이 각광을 받고
진실한 눌변(訥辯)은 멸시를 받는 시절이다.
자기 소리만 들으라는,
그래서 타인의 소리를 듣지 않는 이 독단,
그것이 이 시대를 '벽 높은 단절'로 축조했다.

기원 3세기 고대 로마인들,
강국 카르타고 한니발과의 20년 전쟁,
늘 비상시기였던 그때,
그들은 '서고(曙鼓)'를 들으며 하루를 시작했다.
서고란, '새벽에 울리는 북소리'이다.
즉, '하루의 시작'을 알리는 소리였다.
그래서 그들의 귀에 '서고'가 들리면

농기구와 무기를 손에 잡고 집을 나서야 했다.
오늘 있을지 모를 카르타고와의 전투를 위해서였다.

로마인들은 '서고'를 들으며 하루를 시작했다.
그러나 이 '서고'를 듣지 못한 사람은 어떻게 될까?
이런 사람은 카르타고의 첩자로 지목되었다.
귀가 있음에도 듣지 못한 것,
의도적으로 듣지 않은 것이라고 판단해서였다.
그런 이유로 로마인들은 '서고'를 들어야 했다.
그 '서고'가 '로마를 지켜 주는 소리'였기 때문이다.

그러나 중요한 사실 하나,
그것은 '서고'를 듣기 위해선
먼저 '자기 북소리'를 멈추어야 한다는 것이다.
내 북소리를 멈춰야 '서고'를 들을 수 있다.
내 북소리를 멈추고 새벽 북소리를 듣는 것,
이것이 바로 '경청(傾聽)'이다.

경청,
그것은 말 끊긴 '침묵'이 아니다.
그것은 '귀가 말하는 언어'이다

들음으로써 오히려 '말하고 있는 것'이다.
그래서 청자(聽者)가 화자(話者)보다
더 많은 말을 하고 있는 것,
이것이 경청이 내장(內藏)하고 있는 신비이다.

사도행전 7장,
한 사내가 처참하게 투석살해로 죽어 간다.
약 50여년 전 갈보리 언덕에서 사형이 집행된
예수라는 사람을 '그리스도'라고 선언하는 이 남자,
그는 스데반이었다.
당시 그곳에 모여 스데반의 변론을 듣고 있었던
유대인들에게 있어 그것은 분명 '억지'였다.
예수는 로마와 맞서 그 사회를 전복시키는 해방자도 아닌,
오히려 무기력하게 로마의 형틀에 못 박혀
살해당한 죄수일 뿐이었기 때문이다.
그러나 '억지'처럼 여겨졌던 스데반의 강론,
그것은 놀랍게도 '진실'이었다.
그러나 그들은 인정하고 싶지 않았다.
그래서 그들은 "귀를 막고"(행 7:57) 달려들어
스데반을 살해한다.

"귀를 막고"

이 시대를 '청각 장애'로 만든 균(菌)이다.
이 시대가 소통 부재의 '난청'으로 신음하는 것,
그것은 '청력'의 문제가 아닌 "귀를 막고" 있어서이다.
귀를 막으면 삶도 막히고 가슴은 한(恨)으로 맺힌다.

작가 고진하의 「시 읽어주는 예수」,
이곳에 수록된 마더 테레사에 대한 짧은 담화,
그 단문을 각색해 옮겨 본다.

제 자 : 당신은 새벽마다 기도한다고 들었습니다.
            하나님께 무슨 기도를 드리십니까?
테레사 : 저는 듣습니다.
제 자 : 그러면 당신이 들을 때,
            하나님은 뭐라고 말씀하십니까?
테레사 : 그분도 들으십니다.

기도,
그것을 요란한 발성의 청구 행위가 아니라
그분의 음성을 경청하는 행위로 이해한 테레사,

그분을 항상 곁에서 바라보는 하나님의 시선,
분명 참 행복했으리라.

히드바레트,
이것은 '기도'를 가리키는 히브리인들의 어휘이다.
그들에게 기도의 공식명칭인
'팔랄'이라는 어휘가 있음에도
그들은 기도를 '히드바레트'라 불렀다.
그 의미,

"신 앞에서
 자기 심장을 달아보다"

히브리인들이 이해한 기도 철학,
그것은 자신이 소유한 심장의 오염 여부를
그분께 측정받기 위해 가슴에서 심장을 꺼내
정밀한 저울에 다는 신성한 의식이었다.
곧 자신들이 지금 머물고 있는
그 '장소(場所)'를 '성소(聖所)'로
승격시키는 행위가 그들에게는 기도였다.
유대 랍비 엘리에젤은 말한다.

"삶, 그것은
 기도 이전의 기도이다"

생각의 부고(訃告) 🌿

"베아트리체의 초상",
이 시대에게 '사유(思惟)의 부고'를 보여 준다.
베아트리체의 살인 행위,
그것은 살기 위한 '자기 보호'였다.
아버지로부터 겪어야 했던 2년간의 잔인한 추행,
그것은 베아트리체에게는 '출구 없는 지옥'이었다.
그럼에도 여섯 명의 재판관은 그녀에게 극형을 언도한다.

인생에서 가장 무서운 질병,
그것은 '정신의 노화(老化)'이다.
생각이 민첩과 예민을 상실한 정신의 노화,
그것이 생을 어리석음으로 채우기 때문이다.
니코스 카잔차키스는 말한다.

"생각을 하지 않고 사는 삶,

그것은 영혼조차
세(貰)들어 사는 삶이다"

극형을 언도한 여섯 명의 재판관,
그들은 죽음 같은 '정신의 노화'를 살던 자들이었다.
문득,
톨스토이의 「안나 카레니나」,
곧 열차에 몸을 던져 철로 위에
자신의 생을 스스로 '처형'한 안나가 생각난다.

그녀의 불행,
그것은 모스크바 역에서 시작된다.
오빠 스테판이 가정교사와 불륜에 빠져 파경 중이다.
이를 중재하기 위해 안나는 모스크바로 가고
특유의 재기를 발휘해 그 가정을 회복시킨다.

한편, 안나는 관료 카레이닌과의 결혼에 만족한다.
남편을 사랑하지는 않지만 존중한다.
안나는 이성과 단아함을 갖춘 매력의 여인이다.
그러나 안나가 스테판을 돕기 위해
모스크바 역에 내릴 때 만난 브론스키 백작으로 인해

불행이 그녀에게 엄습한다.

삶이 무료했던 안나에게 젊은 야심가 브론스키는 매력이었다.

얼마 후 이뤄진 무도회에서의 재회 이후,

두 사람은 걷잡을 수 없는 불륜으로 발전한다.

브론스키의 매력이 깊어질수록

카레이닌에 대한 안나의 존경심은 급격히 식는다.

카레이닌의 큰 귀를 '당나귀의 귀' 같다고 불평한다.

이들의 은밀한 염문,

상트페테르부르크의 상류사회에 급속히 퍼진다.

분노한 카레이닌은 브론스키와의 결투를 생각하나

자신의 명성에 흠이 생길까 하여 포기한다.

그러나 남편에게서 멀어진 안나,

브론스키와 살기 위하여 집을 떠난다.

이것이 행복이라 굳게 믿으며 말이다.

벅찬 희망 속에 만난 브론스키,

그러나 뜻밖에도 브론스키는 변해 있었다.

그의 말투는 안나가 알던 브론스키가 아니었다.

안나는 질투와 광기로 과민해진다.

브론스키에 대한 절망으로 그녀는 피폐해 간다.

불행과 겨루어 서 있기에 그녀의 두 발은 너무 연약했다.
결국 '불행'조차 '생의 일부분'으로 받아들이기에
너무 즉흥적이었던 안나는 달려오는 열차에 몸을 던진다.

이후 거대한 차량이 그녀를 덮치는 순간,
자신의 행동이 얼마나 어리석었는지
뒤늦게 깨닫고 다시 일어서려는 안나,
그러나 너무 늦었다.
자신의 선택을 후회하며
안나는 철로 위에서 비극적 죽음을 맞는다.

안나 그녀가,
자신의 생에 '불행'을 서명하게 된 까닭,
그것은 생각의 단견(短見) 때문이었다.
남편과의 결별로부터 시작하여 죽음을 선택하는
모든 과정에서 안나는 늘 '즉흥적'이었다.
사실 삶에서,
쉽게 결정해도 될 만큼 '하찮은 것'은 없다.
슬프게도 안나는 이 사실을 몰랐다.
사색가 키케로는 말한다.

"쥐는 한 구멍을 믿지 않는다"

약한 쥐가 생존하는 법,
그것은 위기 때 도피할 출구를 '하나의 구멍'만이 아닌
꼭 '여러 개의 구멍'을 예비할 줄 아는 '깊은 생각'에 있다.

거인(巨人),
그는 단지 '몸'이 큰 사람,
거물(巨物),
그는 단지 '권력'이 큰 사람,
그러나 거장(巨匠),
그는 '생각'이 큰 사람이다.

이 가운데,
세상이 기다리는 사람,
그는 '생각의 힘'과 '정신의 깊이'로
몸과 권력의 거친 완력을 제압하는 사람,
곧 거장(巨匠)이다.

흑단목(黑檀木),
그런 이유로 이 나무가 좋다.

흑단목은 피아노 건반을 제조하는 나무이다.
연주를 위해 하루 수천 번 타건(打鍵)하는 88개 건반,
그 까닭에 건반은
균열을 견딜 수 있는 견고한 목질이어야 한다.
그 혹독한 조건을 갖춘 나무가 흑단목이다.
생각이 흑단목의 그것처럼 견고한 사람,
오늘 유독 보고 싶다.

윤리의 부고(訃告)

"베아트리체의 초상",
이 시대에게 '윤리의 부고'를 통고한다.
베아트리체에게 짐승이었던 프란체스카,
그는 기쁨과 쾌락을 구별할 철학조차 없던 자이다.
몸의 쾌락이 전부였던 수심(獸心)이었다.
자신의 딸을 매춘부 대하듯 2년간 탐닉하고도
그 수치를 몰랐던 도덕의 지진아(遲進兒)였다.
기독교 변증가 C.S. 루이스는 말한다.

"영적 타락 이후,

반드시 도덕적 타락이 따른다.
그 타락의 첫 번째는 '쾌락'이다.

쾌락,
그것은 육신, 영혼의 '더러운 침전물'이다.
전인격을 악취로 염색시키는 '폐수(廢水)'이다.
까닭에 쾌락은 정화(淨化)가 필요한 악이다.

단테의 「신곡」,
그 첫 장면을 펴 본다.
서기 1300년 피렌체의 봄날,
35세의 단테는 어둔 길을 걷게 된다.
그때 길을 막고 살기(殺氣)를 드러낸 세 짐승,
그것은 '표범'과 '사자'와 '이리'였다.
그 '세 짐승'은 삶을 위협하는 '세 가지 악'을 은유한다.

표범의 탐욕,
사자의 오만,
이리의 향락,

단테의 통찰, 참 놀랍다.

창세기 39장,
청년 요셉의 아름다움,
그가 '쾌락'에 대해 '백치(白痴)'였다는 사실이다.
요셉은 권력자 보디발의 아내의 집요한 유혹에도
자신의 순전(純全)을 소중히 지킨다.
삶에는 살균(殺菌)만이 아닌
살욕(殺慾)도 요구됨을 알았기 때문이다.

직조(織造),
옷감을 만드는 공정(工程)을 말한다.
그런데 직조에는 두 개의 실이 필요하다.
곧 '날실'과 '씨실'이다.
날실은 직물의 길이 방향의 실이다.
직기(織機)에서 큰 장력(張力)을 받고
마찰 역시 많이 받으므로 씨실보다 꼬임이 많다.
씨실은 날실에 직각으로 교차하는 실이며,
날실보다 굵은 실을 사용하나 꼬임이 적다.
이 '두 실'이 직각으로 교차하여 직조(織造)가 된다.
그러나 이것이 끝이 아니다.
옷감이 되기 위해선 '식서(飾緒)'가 필요하다.
식서란, 직물 양쪽 끝부분의 옷감이 풀리지 않도록

세로 방향으로 만드는 '테두리'를 말한다.
식서를 통해 날실과 씨실은 연합되어 옷감이 된다.

윤리,
그것은 '삶의 식서(飾緖)'이다.
느슨한 우리 삶을 촘촘히 엮어
상시 '제자리'에 있게 하는 식서이다.
도덕주 철학자 칸트는 말한다.

"윤리란,
 단지 오래된 가치가 아니라,
 오랫동안 살아남은 가치이다"

윤리란, 일각의 오해처럼 시대정신을
반영하지 못하는 불편한 구습(舊習)이 아니다.
그것은 이 시대를 일탈(逸脫)로부터 지켜
오래 '생존'하게 해 준 '고마운 힘'이다.
2세기 교부 이레니우스는 "이단 논설"에서 말한다.

"세상이
 그리스도인을 주목하는 것은,

그리스도인이 소유한 특별한 교리 때문이 아니라,
그리스도인이 채택한 특별한 삶의 방식 때문이다"

이제,
눈을 들어 베아트리체를 처형한
그 피렌체 재판정을 차갑게 응시해 본다.
그곳에 선명히 포착된 세 개의 부고,

경청의 부고,
사유의 부고,
윤리의 부고,

이것들,
지금도 여전히 '불멸(不滅)'을 살면서
이 시대를 괴롭히는 폭력으로 상주하고 있다.

지금,
가을이 순조롭게 깊어 가는 시월 저녁,
여름 내 울던 매미 소리가 더 이상 들리지 않는다.
이내 죽어 이 땅을 떠났는가 보다.
부고(訃告)는 이렇듯 곁에 가까이 쇄도해 있는

현실인데 이 대지는 여전히 값싼 낭만과
헛된 희망에 눌린 미몽(迷夢)을 산다.
마치 '청설모'처럼 말이다.

다람쥐 과(科) 청설모,
이 귀여운 녀석은 겨우살이 월동을 위해
몇 개월 간 도토리를 모아 고목(枯木) 아래 숨겨 둔다.
그런데 겨울이 왔을 때,
도토리를 숨겨 둔 그 장소를 찾지 못해 굶어 죽기도 한다.

곧 다가올 부고(訃告)를 알면서도
그것을 '잊고 사는' 이 시대,
어찌 이 시대를 '청설모'라 하지 않겠는가?

혹 그대,
지금 '청설모'는 아닌가?

CHAPTER 8

광인일기(狂人日記)를 소각하며

발자국이 만든 눈꽃

스스로의 중량을 못 이겨
지상으로 하강(下降)한 눈(雪),
아, 눈 내리니 눈부시다.

그 눈(雪),
겨울나무 가지에 이곳저곳 부딪쳐
그 형체가 산산 해체된다.
해체된 그 눈,
바람에 실려 가며 고운 '눈꽃'이 된다.

그 눈꽃, 황홀로 아름다워
자세히 보려 고개 숙여 보는데,
뭔가 그 눈꽃 곁에 어지럽게 그려져 있다.
이것이 뭐지?

그것은 몇 개의 '낯선 발자국'이었다.
순간 섬광으로 스치는 생각,
아, 그렇구나.
누군가 지난 밤,
무덤처럼 쌓인 눈의 위험을 알고
밤새 삭풍을 맞으며 이 눈을 치웠구나.

곧 얼어 버릴 이 눈길,
그것의 위태(危殆)를 알기에
내일 이 길을 바쁘게 걸어갈
이름 모를 '그 사람'을 위해
부단히 움직여 그 '눈 더미'를 치울 때,
그때 쌓인 눈 위에 새겨진 그 발자국,
그것은 이제껏 보지 못했던 새로운 '눈꽃',
곧 '발자국 눈꽃'이다.

자(慈)와 애(愛),
그것의 흔적으로 남겨진 그 발자국,
그것은 이 대지가 스스로 발화(發花)시킨 '눈꽃'이다.
그것은 동천(冬天)에서 뿌린 '백색 눈꽃'의
화사함을 가볍게 제압한 '특별한 아름다움'이다.

지난 밤, 이 행복을 살짝 남겨 놓고,
조용히 사라진 그 사람,
어떤 사람이었을까?
아, 생각만으로도 포근하다.

가꾸는 사람, 꾸미는 사람

삶과 영혼,
그것을 만들어 가는 두 태도,
그것은 각각,

꾸미는 사람,
가꾸는 사람,

먼저, 꾸미는 사람,

그는 겉으로 드러나는 '모양'에 치중한다.

그래서 얼굴에 반점(斑點)이 생기면,

그것을 제거하기보다는 분칠로 덮어 감춘다.

정원의 관상수 잎새가 벌레에 의해 갉히면

그 잎새를 떼어 내는 것으로 갈무리한다.

반면, 가꾸는 사람,

그는 자신만이 볼 수 있는 '내면'에 집중한다.

그래서 얼굴에 반점(斑點)이 생기면,

분칠보다 그 반점을 제거하는 선택을 한다.

정원의 관상수 잎새가 해충(害蟲)에 의해

죽어 가면 그 잎새만 살짝 떼어 내지 않고,

그 벌레들의 박멸(撲滅)을 위해

정원의 모든 나무를 살충(殺蟲)하는 수고를 한다.

꾸미는 것,

가꾸는 것,

언뜻,

이 둘은 별반 차이 없어 보인다.

그러나 결코 같지 않은 '별개(別個)'이다.

꾸미는 사람,

스스로의 변화와 진보에 관심이 없다.

그래서 늘 위선의 덫에 스스로 물린 채 피폐(疲弊)를 산다.

가꾸는 사람,

스스로에게 삼엄한 '자기 검열'을 한다.

자신 안의 허위와 거짓을 극도로 경계한다.

그 까닭에,

그 삶은 '살아 있는 긴장'으로 채워진다.

그 결과 그의 영혼,

맑게 세공(細工)되어 깊고 우아하다.

꽃밭의 꽃,

그것은 '가꾸어야' 아름답다.

그것을 '꾸미기만' 하면 오히려 추하다.

'꾸민 꽃'은 조화(造花)일 뿐이다.

곧 '꽃의 지위'를 잃어버린 '가화(假花)'이다.

그러나 '가꾼 꽃'은 '생화(生花)'로 산다.

곧 향을 머금은 꽃다운 꽃인 '진화(眞花)'이다.

삶도 그러하다.

꾸미면 '썩고' 가꾸면 '생동'이다.
꾸미면 '악취'가 나고 가꾸면 '향취'가 난다.

벨루스,
우아한 품위를 지닌 '고고한 인격'을
격찬하는 고대 로마인의 정치어휘이다.
고대 로마인 귀족들,
그들은 주머니 없는 흰옷 토가를 입었지만,
한 손에 '청동 거울'을 지참하는 것도 잊지 않았다.
순간마다 '자신의 표정'을 비춰 보기 위해서였다.
이익과 불의 앞에 흔들리는 자신의 '허위'가
안면에 포착됨을 살피기 위해서였다.

이런 사람,
그가 곧 '하늘 눈꽃'의 화려함을 무효화시키는
지상에 핀 '발자국 눈꽃'의 사람이다.
스스로의 삶에
'꾸밈'이 아닌 '가꿈'에 결벽이었던
시인 김수영의 유작(遺作) "풀"의 일부를 본다.

"풀이 눕는다

비를 몰아오는 동풍에 나부껴 풀은 눕고
드디어 울었다
날이 흐려서 더 울다가
다시 누웠다

풀이 눕는다
바람보다 더 빨리 눕는다
바람보다 더 빨리 울고
바람보다 먼저 일어난다"

풀,
지상에서 가장 연약한 식물이다.
그런 그 풀이 '담벼락 밑'을 뚫고
광활한 세상을 만난다.
그리고 자신의 '현존'을 알린다.
참 가상(嘉尚)이다.

그러나 '적(敵)'이 있다.
그것은 시도 때도 없이 부는 '바람'이다.
그 바람은 풀을 제압하여 눕게 만든다.
그래서 풀은 서럽게 운다.

누가 보아도 풀의 '패배'이다.

그러나
그 다음 날 '기적'이 일어난다.
어제 처참하게 쓰러졌던 그 풀,
오늘은 바람보다 '먼저' 일어난다.
그리고 바람을 보며 먼저 웃는다.
이후 그 풀,
바람보다 먼저 대지의 '주인'이 된다.
어제의 패자(敗者)였던 그 풀,
이제 그 풀의 '오늘 승리'이다.

시인 김수영,
그는 단채(單彩)의 언어를 통해
다채(多彩)를 보여 주는 시인이다.
특히 이 시에서, 시인 특유의 예민한 시찰(視察)로
매일 숙명으로 격돌하는 저 '바람과 풀'의
생존을 건 그 치열한 싸움을 포착한다.

그리고,
그 바람이 두려워 밤새 몸 숙이던 그 약한 '풀'이

이젠 '바람'보다 먼저 아침에 일어나 자신의 생존과 생동을
세상 앞에 당당히 증명하는 그 쾌거,
시인은 그 풀을 통해 이 '약한 자'의 분투를 독려한다.

그 '바람'에 '쓰러진 풀'이
그 바람을 가볍게 이기는 법,
그것은 바람보다 '먼저 일어나는 것'이다.
바람에게 쓰러져 일어나지 못하는 풀,
그들은 우마(牛馬)의 먹이인 '여물'일 뿐이다.

증오, 삶을 흔드는 바람

어찌 풀만 그럴까?
삶에도 그것을 '위협하는 바람'이 있다.
그 위험한 바람,
그것은 '증오(憎惡)'이다.

증오,

그것은,

삶을 빙하로 살게 하는 삭풍(朔風)이다.
받은 상처로 내폐(內閉)를 살던 지난 시절,
문학노트에 남긴 글을 잠시 열어 본다.

"지상에서 가장 따스한 언어,
 그것은 긍휼.

 지상에서 가장 부드러운 언어,
 그것은 격려.

 지상에서 가장 힘 있는 언어,
 그것은 '걱정하지 마'라는 말.

 지상에서 가장 향기로운 언어,
 그것은 '고마워'라는 말.

 지상에서 가장 차가운 언어,
 그것은 '너를 증오해'라는 말"

증오는 '차가운 언어'이다.
태생이 '겨울'이기 때문이다.

겨울에 태어난 증오이기에,
증오의 혈관에는 온기가 휘발된 한기(寒氣)뿐이다.
증오의 혈관 속에는 너그러움을 수혈하는 기능이
출생부터 이미 퇴화되었기 때문이다.
이런 까닭에 증오가 지나간 자리,
그곳은 수전노 샤일록의 표독(慓毒)만 남는다.
피렌체 시인 단테는 말한다.

"증오는 지옥을 건축하는
 가장 탁월한 재료"

작가 고골의 소설 "광인일기",
어설픈 증오가 한 개인의 삶을 얼마나
철저히 붕괴시키는지를 보여 준다.
이 작품 속의 남자 포프리신의 몰락 과정을
10월 3일부터 일기 형식으로 써내려 간 소설이다.

포프리신,
그는 평범한 42세의 9등관이다.
무능으로 상사에게 늘 모독을 겪는 이 남자,
그 역시 질책만 일삼는 이런 과장을 싫어한다.

이런 상처는 포프리신으로 하여금 최고의 관직에 올라
모든 사람에게 추앙을 받아야 한다는 과대망상을 갖게 한다.
포프리신이 유일하게 존경하는 인물은 국장이다.
그래서 국장을 위해 매일 스물두 자루의 붉은 연필을 깎아
그의 책상 위에 올려놓는 것을 즐거움으로 삼는다.

그러던 어느 날, 포프리신에게 천사가 나타난다.
다름 아닌 국장의 딸 소피아였다.
소피아가 그리워질 때마다,
포프리신은 푸시킨의 시를 낭독한다.

"그대를 못 보며 사는 내 삶은 저주입니다"

포프리신,
소피아에 대해 알기 위해 국장의 집을 찾아간다.
집 하인은 그를 무시하나 분노를 속으로 삭인다.
그러다 포프리신은 '개들의 대화'를 듣게 된다.
특히 메드쥐라는 작은 개를 통해
소피아가 쓴 편지를 들으며 그녀의 취향을 알게 된다.

이후 소피아의 편지를 듣던 중,

그녀가 테플로프라는 시무종관을 흠모하고 있다는
사실을 알게 된 포프리신은 충격을 받는다.
이후 포프리신은 연적 테플로프를 증오한다.
그리고 자신은 꼭 명망 있는 장군이 돼서
그녀의 사랑을 쟁취하리라 다짐한다.

어느 날, 포프리신은 신문을 보던 중,
어제 스페인 왕이 폐위되고 어느 귀부인이
왕위를 계승하게 되었다는 보도에 분노한다.
스페인 왕위를 이을 적임자는 오직 자신이라고
확신한 포프리신은 자신을 스페인 왕이라고 선언한다.
그리고 곧 자신을 왕으로 추대하기 위하여
스페인에서 사절단이 도착할 것이라 자랑한다.

이후 스스로 왕이 된 포프리신,
자신이 관청에 출근하여 국장에게 지시받는 것은
법도에 맞지 않다고 여겨 일부러 3주간 결근한다.
이 사실에 화가 난 감사관,
포프리신을 찾아와 출근을 강하게 촉구한다.
이에 포프리신은 스페인에서 사절단이 오기 전까지만
관청에 나갈 요량으로 출근한다.

그러나 그는 예전의 포프리신이 아니었다.
관청에는 출근했지만 신하격인 과장, 국장에게
인사를 할 필요가 없었다.
오히려 이를 지적하는 국장에게
자신에게 왕의 예우를 갖추라고 명령한다.
모든 사람이 포프리신을 보며 실소한다.
화가 난 포프리신은 관청을 나와 집에 들어가
왕의 망토를 만든 후 그것을 걸치고 거리를 배회하며
자신을 스페인 왕이라 과시한다.

이에 참다못한 주위 사람들,
결국 포프리신을 정신병원에 입원시킨다.
그러나 포프리신은 그 정신병원을
자신이 머물 스페인 궁정이라고 생각한다.
이제 비로소 스페인 왕이 된 포프리신,

그러나 그의 스페인 궁정에서의 생활은
기대했던 것처럼 화려함으로 채워지지 않는다.
스페인 왕으로서 준엄하게 어명을 내리기만 하면
무슨 이유에서인지 그곳 사람들이 자신을 조롱하며
몽둥이로 온몸을 가격(加擊)하는 것이다.

포프리신은 이 무례한 신하들을 용서할 수 없었다.
그래서 왕의 위엄으로 자신을 함부로 대하는
이 신하들에게 분개하지만 그들의 폭력은 계속된다.

왕인 자신을 함부로 대하는
이 나라가 마음에 들지 않았던 포프리신,
그 분노는 증오로 옮겨 가고 광기(狂氣)가 된다.
더 이상 견딜 수 없었던 포프리신,
그곳을 '지옥'이라 절규하며 어머니를 부른다.
듣는 이의 가슴을 매질하는 이 절규,
그러나 아무도 이 포프리신의 호소에
관심을 기울이지 않는다.
그것은 그들이 정신병원에서 매일 듣는
광인(狂人)의 광언(狂言)일 뿐이었기 때문이다.

소설 "광인일기",
이 장면을 마지막으로 포프리신의 일기,
곧 광인(狂人)의 일기(日記)는 끝을 맺는다.
더 이상 이어지지 않는 포프리신의 일기,
그 이유를 작가는 설명하지 않는다.
아마 그 이유, 포프리신이 일기 쓰는 것을

잊어버릴 만큼 그 증세가 더욱 악화되었던지,
아니면 그날 이후 포프리신이 죽음을 맞이했던지
이 둘 중 하나였을 것이다

포프리신의 몰락,
그것은 자신을 함부로 대하는
모든 세상에 대한 '증오'에서 발원됐다.
과장, 국장, 하인, 심지어 국장 집에 있는 개까지
포프리신을 무시한다.
무시당한 포프리신은 증오로 반응한다.

포프리신의 증오,
그것은 그들에게 복수하기 위해,
출세에 대한 욕망에 집착하게 한다.
그리고 그 출세 의지는 자신을
스페인 왕이라고 믿는 망상으로 치닫는다.
그 망상은 결국,
그를 '왕좌'가 아닌 '정신병동'에 있게 한다.

증오는 '메두사'를 낳는다

17세기 화가 루벤스 작(作) "메두사",
영웅 페르세우스의 칼에 잘려진
메두사의 '얼굴'을 담은 작품이다.
이 그림의 간략을 본다.

날카로운 눈매,
고통으로 벌어진 입,
수많은 뱀으로 이루어진 머리카락,

이 메두사의 모습, 참 흉물(凶物)이다.
그러나 이 흉측한 얼굴,
여기에는 참혹한 슬픈 과거가 서려 있다.
그리스 문학에 따라 그녀를 말해 본다.

메두사,
스테노,
에우리알레,

이들은 고르곤이라고 불리는 세 자매이다.

사실 역사가 헤로토투스에 따르면,
메두사는 참 아름다운 아가씨였다고 한다.
특히 윤기 나는 머리카락은 감탄이었다.
단, 아테나만 그녀를 싫어했다.
이 때문에 비극이 발생한다.

메두사를 사랑하는 포세이돈,
그런 포세이돈을 아테나가 좋아한다.
그러나 아테나가 싫었던 포세이돈은
아테나 신전에서 메두사와 사랑을 나눈다.
아테나에게 모욕감을 주려는 의도였다.
그러나 이 일로 인한 저주는 메두사가 받는다.
평소 메두사를 싫어했던 아테나,
그 '싫어함'이 이제는 '증오'로 증폭된다.
아테나는 이 일을 빌미삼아
메두사를 저주하여 흉물(凶物)로 만든다.

손은 청동,
몸은 멧돼지,
머리카락은 뱀,

재앙이다.

그러나 메두사가 받은 극악의 저주,

그것은 따로 있었다.

아테나가 메두사의 눈에 저주를 걸어

그녀의 눈과 '마주치는 모든 것'을

차디찬 '돌'로 변하게 한다.

메두사로 하여금 사랑하는 사람을 볼 수도,

또 보여 주지도 못하게 하려는 아테나,

참으로 간교의 극치, 잔인의 만행이다.

이제 메두사를 사랑하던 포세이돈조차

그녀의 얼굴을 볼 수 없게 된다.

결국 포세이돈은 그녀를 떠난다.

메두사는 자신에게 재앙을 안겨 준

아테나와 포세이돈을 격렬하게 증오한다.

그의 증오는 광란으로 치닫는다.

한편,

메두사를 향한 아테나의 증오,

그것은 여기서 멈추지 않는다.

얼음 심장의 잔인한 아테나는

페르세우스에게 메두사의 목을 베도록 명한다.
아테나의 강력한 후견을 입은 페르세우스,
그 역시 메두사를 잔인하게 살해한다.

이후,
메두사의 머리는 방패 '아이기스'가 되었고,
그 피는 천마(天馬) 페가수스가 된다.
바다로 흘러간 피는 산호(coral)가 되어,
이후 그리스 의술의 신 아스클레피오스가
불치의 병을 치유하는 영약(靈藥)으로 쓰인다.

메두사를 향한 아테나의 증오,
아테나를 향한 메두사의 증오,

그 두 개의 증오,
그것이 서로 맞부딪치니,
그곳은 '피와 죽음'이 사납게 분출되는
서슬 푸른 지옥이 된다.

익사(溺死),
물에 빠져 죽은 것을 말한다.

그러나 익사란, 사실 물에 빠져서가 아니라
그 물에 빠진 후 그곳에서 나오지 못할 때 발생한다.
물에 빠졌어도 그곳에서 나오면 익사는 없다.

증오,
누구나 가끔 감정이 흔들려 증오에 '발'을 담을 수 있다.
문제는 그 발을 계속 증오에 담고 있으면,
그 증오의 파고(波高)는 그대를 삼켜 '익사(溺死)'로 이끈다.

포프리신,
메두사,
아테나,

그들이 이 '소름 돋는 진실'을 확증시켜 준다.
서러워 참 아프다.

증오, 그것은,
자신을 '불편'하게 하고 타인을 '불쾌'하게 한다.

증오,
자신을 아프게 하는 자해,

타인을 슬프게 하는 가해를
선동하는 질(質) 나쁜 감정이다.
이런 까닭에, 증오의 만취(漫醉)는 극히 위험하다.
인문학자 에라스무스는 말한다.

"증오,
 그것이, 억울함을 녹여 줄
 친절한 온기를 제공하는 일은 결코 없다"

억울하다는 이유로,
그대 영혼 안에 증오를 적재한들,
그대 분(忿)함을 완화시키지 못한다.
오히려 그 통증만 가중시킬 뿐이다.
시인 윌리엄 모리스는 말한다.

"정말 그것이, 필요하고
 아름다운 것이 아니라면
 그대의 기억에 담지 말라"

그렇다.
증오는 필히, 기억에서 삭제되어야 한다.

그 증오가 기억 속에서 '쇠약'해지지 않으면
그대 삶이 오히려 '쇠약'해진다.

그런 이유로, 지금 시급한 것은
그대 영혼 안에 적재된 증오의 총량(總量)을
시급히 '반분(半分)'시키는 벅찬 수고이다.
그 노동 같은 수고 이후,
그 증오의 함량이 반감(半減)될 때,
비로소 그대가,
추(墜)와 추(醜)를 피할 수 있기 때문이다.

"사람에게 총을 겨누는 것만 살상이 아니다.
증오를 겨누는 것도 이미 살해이다"

이 시대,
메두사의 눈으로 채록한 그 증오가
쉼 없이 광인일기에 필사(筆寫)되는 시절이다.
그렇게 광적(狂的)으로 집필된 광인일기,
그것의 권수(卷數)가 계속 쌓여
서재 한 켠을 가득 채운 지 이미 오래,
참 두려운 일이다.

이제, 증오의 감소를 위해,
메두사의 눈은 실명(失明)되어야 한다.
광인일기도 소각(燒却)되어야 한다.
그 일기를 써 내려갔던 그 붉은 연필,
그 역시 부러뜨려야 한다.
그럴 때 이 대지의 표정,
비로소 '울상'을 벗고 '웃상'이 된다.

그럼에도 그대가,
여전히 증오에 묶여
광인일기 쓰기를 계속 주력한다면,
필기하던 그 광인일기를 잠시 덮고,
오스카 와일드의 이 말,
그대 기억에 깊게 내장(內藏)하라.

"항상 적을 용서해라.
  그것만큼
  적을 짜증나게 하는 것은 없다"

CHAPTER 9

싫증에 싫증내다

싫증, 가장 위험한 위험

문득, 지난겨울,
제주 바닷가를 등지고 서 있는
가파른 섭지고지 언덕을 오르면서
벗들에게 적어 준 "어른이란"이라는 글이 기억난다.

"어른이란,
 이런 사람 아닐까?

 자신의 분노를 다른 사람에게
 옮기기를 삼가는 사람.

자신의 고통을 다른 사람이
알아주기를 강요하지 않는 사람,

내 행복의 자랑이
불행을 당한 자 앞에서
가혹한 폭력이 될 수 있음을 알고
그 행복을 속에 담아 두는 사람.

힘든 일, 하고 싶지 않은 일을 맡게 되어도,
싫증의 표정을 하지 않는 사람"

어른이란,
이런 삶의 품위를 학습한 후,
그것을 삶으로 전입시킨 사람,
그들에게만 허락되는 작위(爵位)이다.

특히 어른이란,
가슴속 '표정'을 들키지 않는 사람이다.
무엇보다 '싫증'이라는 표정을 들키지 않고
그것을 '고요히 진압한 사람'이다.

싫증,

이 독초(毒草)의 위험성,
그동안 너무 간과되어 왔다.
잠시 앓고 지나가는 '봄날 감기' 정도로 여겼다.
그러나 '싫증'은 '가벼운 몸살'이 아니다.
사실 '싫증'은 중병(重病)이다.
살았으나 죽음을 살게 하는 맹독,
그것이 싫증이다.

"가슴에서 열정이라는 근육이 상실된 삶"

그것이 '싫증'이다.
그래서 싫증이 지나간 자리는
회피, 태만, 의욕 상실이 유독 득세한다.

싫증, 그것은 질긴 습관

단테의 「신곡」,
연옥 제 4곡을 본다.

단테가 연옥 4고리를 지날 때,
연옥 입구에 서 있는 한 무리를 본다.
그들의 모습은 다양했다.

팔짱을 낀 채 서 있는 사람,
고개를 숙인 채 주저앉은 사람,
턱에 손을 괸 채
먼 곳을 힘없이 바라보는 사람,

지금 이들 모두,
연옥을 들어가지 못한 채 서 있다.
그 이유를 물으니 그들이 대답한다.

"우리는 여기서
 오랜 시간을 기다려야 한다오.
 생전 우리는 삶의 대부분을
 태만, 싫증으로 허비한 사람들이오.
 그래서 우리는
 그 허비한 시간만큼
 여기서 기다려야 하는
 형벌을 받아야 하오"

싫증,

삶에 대한 열정이 냉각될 때,

생(生)에 대한 감격이 응고될 때,

삶에 대한 전율이 사라질 때 내습한다.

이런 이유로 싫증이 머무는 곳은

상시 '적자(赤字)'라는 직인(職印)이 찍힌다.

또한 싫증이 위험한 것은,

그것이 습관으로 전이된다는 사실이다.

사실 습관은 삶을 통제하는 가공할 힘이며,

생각을 지배하는 강력한 우상이다.

스페인 시인 우나무노는 경고한다.

"습관에 빠지는 것,

그것은 더 이상

그대가 새로운 존재가 되기를

멈추거나 포기하는 것이다"

습관과 제휴하여,

그것의 지배를 용인하며 사는 것은

지금보다 '더 나은 자신'으로 살기를

체념하는 무책임한 삶의 유기이다.
이제 우상으로 군림하는 싫증,
그것의 불쾌한 증상을 추론해 본다.

눈물의 싫증

이 시대,
눈물의 싫증을 앓고 있다.
이 눈물에 대한 싫증,
그것은 세상을 '가뭄'으로 이감시켰다.
그래서 우기(雨期)가 되어도
세상은 여전히 '황폐한 가뭄'을 산다.
눈물이 멈춘 까닭이다.

"대지의 풍요,
 그것은
 하늘의 비로만 이루어지지 않는다.
 사람의 눈물이 함께 흘러야
 비로소 이 대지의 풍요는 허락된다"

눈물,

그것은 '두 색채'로 나뉜다.

원통(寃痛),

애통(哀痛),

이것들이다.
원통이란 '억울해서 우는 것'이다.
그래서 원통이 흘리는 것은
'눈물'이 아니라 '증오'이다.
애통은 '영혼이 아파서 우는 것'이다.
그래서 애통이 흘리는 것은
'눈물'이 아니라 '긍휼'이다.
영혼 깊숙한 곳에서 채취된 진실이 흐르는 애통,
이것을 '참 눈물'이라 한다.
그렇다면 '참 눈물의 의미'는 무엇인가?

참 눈물,
그것은 '자기 성찰의 흔적'이다.
자기 약함과 악함을 함께 볼 수 있는 자,
그들만이 흘릴 수 있는 고유한 특권이다.

참 눈물,
그것은 '감사를 이해한 자의 흔적'이다.
누군가의 희생, 배려를 통해
지금 나의 행복이 있음을 아는 자,
그들만 할 수 있는 '내면의 노래'이다.

참 눈물,
그것은 '폭력을 보며 신음하는 흔적'이다.
몇 개의 살점을 취하기 위한 이리처럼
찢고 싸우는 이 세상의 어그러짐,
이 때문에 엎드려 오열하는 절규이다.

참 눈물,
그것은 타인을 위로 못한 '아쉬움의 흔적'이다.
그들에게 받은 사랑을 기쁘게 돌려 주고 싶은데,
자신의 분주함과 소심함에 그 기회를 놓쳐,
단 한 번도 진정으로 격려 못한 미안한 마음,
이 때문에 흘리는 참회이다.

참 눈물,
그것은 타인의 비극에 '참여하는 흔적'이다.

나보다 가난한, 더 외로운 이들의 비극을 보며
그들보다 더 나은 자격 없이도 행복한 나,
그래서 부끄러워 가만히 흘리는 '떨림'이다.

BC 2세기,
로마 장군 스키피오가 흘린 눈물,
곧 "스키피오의 눈물"을 기억해 본다.

제 2차 포에니 자바전투에서 카르타고는 로마에게 패한다.
이때 맺은 조약에 따라 향후 카르타고의
모든 군사행동은 로마의 허락을 받아야 했다.

이때 예기치 못한 사건이 발생한다.
약해진 카르타고를 틈타 변방 누미디아가
카르타고 국경 지역을 약탈한 것이다.
누미디아는 로마의 혈맹이었다.
자위권의 발동으로 카르타고는
군사 6만을 이끌고 누미디아로 진격한다.

이 소식에 로마는 분노한다.
로마는 조약 파괴의 책임을 물어

카르타고로 4개 군단을 급파한다.

놀란 카르타고,
로마에게 이 전투의 진상을 설명하나
로마는 강경대응하며
그 책임을 추궁해 두 가지를 요구한다.

하나는
카르타고 지주(地主) 300명을 로마로 보내라는 것이고
또 하나는
카르타고 무기의 반(半)을 로마에 넘기라는 것이었다.

사실 로마의 목적은 카르타고의 군사력 붕괴였다.
지주 300명을 로마로 압송시킴으로
카르타고의 전쟁비용 조달을 차단시킴과 함께
군사무기의 반(半)을 몰수하여
카르타고의 전투력 약화도 도모하려 했던 것이다.
카르타고는 할 수 없이 거부 300명, 갑옷 20만 벌,
방패 3만 개라는 막대한 자산과 무기를 로마로 넘긴다.
이로써 카르타고는 철저히 무장 해제된다.

그러나 이것이 끝이 아니었다.

카르타고의 재기를 두려워한 로마는 더 무거운 요구를 한다.

카르타고 전 주민은 3개월 안에 수도를 떠나

해안으로부터 15마일 들어간 내륙으로 이주하라는 것이었다.

해양민족이었던 카르타고,

결코 이 명령을 받아드릴 수 없었다.

갈등하던 카르타고는 로마 사신을 죽이고 저항한다.

기원전 149년의 일이다.

로마는 카르타고에 3개 군단을 파송한다.

제 3차 포에니 전쟁의 발발이다.

이에 맞서 카르타고는 전투병 2만과

시민 6만 병력으로 2년간 치열하게 저항한다.

당황한 로마는 명장 스키피오를 전투에 투입시킨다.

탁월한 전략가 스키피오는 지형이 험난한 육로를 포기하고

바다 길을 택해 카르타고 수도의 진입에 성공한다.

카르타고는 조선소와 창고에 불을 지르며 강력하게 저항한다.

그러나 7일째 되던 날,

카르타고는 스키피오에게 완전히 정복된다.

이때 5만 명이 노예로 로마에 끌려간다.

그러나 카르타고의 힘을 확인한 로마 원로원,
그들은 카르타고를 불태우자고 주장한다.
이에 모두가 동의한다.
그러나 스키피오만 그 결정에 반대한다.
그가 원로원에게 호소한다.

"원로원이여,
 카르타고가 있음으로,
 로마는 방탕과 태만에서 벗어나
 지금까지 깨어 있을 수 있었소"

그러나 지난 500년간,
카르타고와의 전쟁으로 힘겨웠던 로마,
그들은 스키피오의 반론을 묵살한다.
결국 카르타고는 불길로 잿더미가 되고,
그 위에 저주의 소금이 뿌려진다.
로마인은 이 불길을 보고 환호한다.
그러나 단 한 사람, 스키피오만 '눈물'을 흘린다.
친구 폴리비우스가 우는 이유를 묻자,
스키피오는 붉게 젖은 눈으로 말한다.

"지금은 비록,

카르타고가 불타고 있지만,

멀지 않아 로마도 저렇게 불탈 것이다"

이후 로마,
스키피오의 말대로 방종과 방탕으로 치닫는다.
근육을 긴장시키던 '겨울바람'이 사라지면,
봄날의 '우리의 근육'이 느슨해지듯,
로마의 강건한 근육은 사라진 카르타고처럼
조용히 무너지고 있었던 것이다.
스키피오의 눈물,
그것은 '예지(叡智)의 눈물'이었다.
이런 눈물이 사람과 세상을 눈뜨게 한다.

용서의 싫증

이 시대,
용서의 싫증을 앓고 있다.

용서에 대한 싫증,

용서에 대한 인색,

그것은 세상을 '증오'로 이주(移住)시킨다.
서로가 서로에 대하여
적대감으로 생채기를 내게 하는 잔혹한 형틀,
그것이 '용서의 싫증'이 만든 부유물이다.
경칩이 와도 여전히 대지 위에 한기(寒氣)가 남아 있는 이유,
그것은 '용서의 부재(不在)' 때문이다.
아페시스,

그리스인들이 김나지움에서 가르치는 첫 단어이다.
그리스어로 '풀어 자유하게 하다'라는 뜻이다.
곧 '용서'를 의미하는 그들의 어휘이다.
그것은 타인을 향한 원한을 해체하는 '신성한 노동'이며,
미움이 증식하지 못하도록 방역하는 '거룩한 수고'이다.

그러나 유의해야 할 것,
그것은 '너무 쉬운 용서'는 경계해야 한다는 것이다
깊은 참회 없이도 제공하는 '값싼 용서',
하나님의 공의에 대한 '모독'이기 때문이다.

사실 용서는 지극히 어려운 행위이다.
가슴 깊은 곳에 아물지 않는 상처로
여전히 신음 중인데 용서를 선택해야 하는 것,
그것은 사실 '신(神)의 영역(領域)'이기 때문이다.

그러나 그 어려운 용서를 결행하는 순간,
그대는 자신도 모르는 사이에 갈등의 증식을
차단한 특별한 '성직(聖職)의 삶'을 산 것이다.

성직(聖職),
그것은 '용서'라는 성의(聖衣)를 착용할 때
비로소 허락되는 천상(天上)의 지위(地位)이다.

용서,
그것은 '사람을 살리는 행위'이다.
세상에서 가장 큰 기적,
그것은 '사람을 살리는 것'이다.
이런 까닭에 용서,
그것은 사람이 하는 '하늘의 일'이다.
이 용서로, 창부 막달라 마리아가 살았고,
둘째아들 탕아(蕩兒)가 살았고,

그대도 살고 나도 살았다.

또한 용서,
그것은 '더 큰 악을 제동하는 힘'이다.
용서는 분노와 증오를 끊는 '가위'이다.
탯줄을 자르듯 말이다.
그러나 용서를 거부하면,
증오는 살인과 전쟁이라는 '괴물'로 자란다.

그러나 슬프게도,
우리는 여전히 "눈은 눈으로"라고 외친다.
간디는 일침(一針) 한다.

"사람이 지금처럼
 계속 '눈은 눈으로'라고 외치며 산다면,
 이 세상은
 곧 '눈먼 소경'만 사는 곳이 될 것이다"

용서 없이 정의만 말하는 혀,
이보다 잔인한 '가학(加虐)'은 없기 때문이다.
용서, 그것은 '강한 사람만 할 수 있는 신비'이다.

특히 '먼저' 할 수 있을 때 유독 빛난다.
약한 자는 용서하기를 꺼려한다.
비겁한 자는 용서하기를 두려워한다.
그것이 '패배'라고 믿는 피해의식 때문이다.
또한 오만한 사람은 용서가 '권리'인 줄 안다.
한참 틀린 생각이다.
톨스토이의 말을 기억하자.

"용서 없는 증오,
 그것의 대부분은 사람들 스스로가
 자신은 타인을 벌할 권리를 가졌다고 믿는데서 생겨난다"

타인을 정죄할 자격이
자신에게 있다는 환시(幻視)에 젖은 사람,
그가 곧 겪게 될 미래의 모습,
그것은 자신에게 '용서받음'이 필요할 때,
자신이 기대하는 그 누구의 '작은 호의'조차
철저히 거절당하게 된다는 것이다.
이후 그는 철저히 '혼자 됨'이라는 지독한 형벌,
곧 '갈라파고스 섬의 고립'을 살게 된다.

작가 윤석미,
「달팽이 편지」에서 말한다.

"유월에
 내리는 비는
 길가의 돌도 자라게 한다"

오월 가뭄으로 죽은 대지,
그때 내리는 유월의 비,
그것은 길가의 풀만 아닌,
토담 밑 '죽은 돌'까지 살리는 고마운 비,
곧 희우(喜雨)이다.

눈물,
용서,

이 '두 가지'가 이미 오래전
절망으로 인해
절명(絕命)해 버린 이 대지를

"다시 살려내는,

다시 살게 하는,
다시 살아 달라고"

다독여 주는 그 유월의 비,
곧 '희우(喜雨)'가 아닐까?

CHAPTER 10

오늘, 가장 위험한 단어를 알게 되다

황금빛 나는 먼지

행복, 그것은
늘 내게 퉁명스러웠다.

싫은 아이에게
눈 흘기듯,
행복, 그것은 늘 내게 적대적이었다.
그래서 나는 여전히 행복에 서툴다.

불행이 늘 나를 '겨냥'하던 시절,
그래서 적어도 행복에 대해선

이방(異邦)이 되어 외곽(外廓)에 살며
그 행복과 서먹한 외인(外人)으로 지내던 시절,
그 결과 불행의 중력에 휘둘리며
슬픈 우기(雨期)를 살던 나에게
행복이 네게 권리임을 알려 준 시(詩),
그것은 이근화의 시,
"목요일마다 신선한 달걀은 배달되고"의
황홀한 첫 연(聯)이었다.

"나는 먼지 쌓인 황금보다
 황금빛 나는 먼지를 사랑해"

순간,
시인의 '맑은 동공(瞳孔)'에 감탄한다.
많은 사람이 '먼지 쌓인 황금'에 열광할 때,
시인은 예리한 눈빛으로 '황금빛 나는 먼지'를 주목한다.
이 시(詩),

먼지 쌓인 황금,
황금빛 나는 먼지,

이 두 가지 중,

그대에겐 "어느 것이 보석인가?"라고

묻는 '매섭고 따가운 청문회'이다.

시인은 '먼지 쌓인 황금'이 아닌 '황금빛 나는 먼지'가

나의 보석이라고 당당히 발언하며

그것을 자신만의 보석함 명부(名簿)에 기재한다.

결핍에 시달리는 영혼들을 살리기 위해

신속히 움직여야 할 황금,

그러나 그 황금이 부(富)를 증명해 주는

위력이 되어 화려한 보석함 속에서

단지 '먼지'로 쌓여진 채 사장(死藏)되어 있다면,

그 황금은 이미 '보석의 지위'를 잃어버린

한낱 '쇠붙이'에 불과함을 간파한 시인,

참 예리한 촉광(燭光)이다.

먼지 쌓인 황금,

그것이 행복의 전막(全幕)이 될 수 없다는 사실,

역사가 헤로도토스는 「역사」의 제 1권 중,

솔론과 리디아 왕 크로이소스의 담화에서 본다.

크로이소스,
35세 때 부왕(父王)의 뒤를 이어 리디아 왕좌에 오른다.
이후 치밀한 계획 아래 주도된 정복전쟁을 통해
짧은 시간에 지중해의 패권자가 된다.
그의 부와 명성은 당대 모든 왕의 선망이었다.
이때 그리스의 현자 솔론이 그를 방문한다.
크로이소스는 솔론에게 전리품으로 획득한
내탕고의 황금을 보이며 오만한 표정으로 묻는다.

"지금 이 세상에서
 가장 행복한 사람이 누구냐?"

이때 크로이소스에게 던진 솔론의 대답,
그리스인 텔로스,
그는 조국 아테네가 엘레우시스와 전쟁 중,
심각한 위기에 처하자 즉시 전장으로 달려가
아군 포로를 구하고 적을 패주시킨 후,
명예로운 죽음을 맞이했기 때문이라 말한다.

분노한 크로이소스,
그 다음으로 행복한 사람이 누구냐고 묻는다.

이번만큼은 자신일 것이라는 기대를 갖고 말이다.
그러나 솔론의 대답은 기대와 다르게,
그리스의 두 형제 클레오비스와 비톤이라 답한다.
이들은 자신들의 어머니가 먼 곳 아르고스의
헤라 신전에서 제사하기를 원할 때,
안타깝게도 그 때가 농번기라
어머니를 모실 우마차를 사용할 수 없게 되자,
어머니를 제사에 늦지 않게 모시기 위해
스스로 자기 수레에 모신 후
10킬로미터를 달려 신전 앞에 내려 드린 후
그 자리에서 숨을 거둔 형제라 말한다.

텔로스,
클레비우스,
비톤,

그들 모두 '사람을 살리는 죽음'을 택하고,
사람들에게 선한 감동을 주었기에
가장 행복한 사람이라는 솔론의 설명,
그것을 듣고도 실망하여 분기에 찬 크로이소스,
즉시 솔론을 그 자리에서 추방시킨다.

이후 크로이소스,
둘째아들 아티스가 '창에 찔려 죽는' 흉몽을 꾼다.
놀란 크로이소스는 그 비극을 막기 위해
아티스에게 창이 있는 근처도 가지 못하도록 명한다.
물론 전쟁의 참여도 엄금한다.
얼마 후, 축일을 맞아 사냥대회가 열린다.
멧돼지를 사냥하는 것이라 안심한 크로이소스,
아티스의 사냥대회 참가를 허락한다.
그러나 사냥 중 친구 아드라스토스가
멧돼지를 향해 던진 창에 찔려 죽임을 당한다.
아들의 죽음과 함께 그의 행복도 죽음을 맞는다.

그러나 이 시대,
행복에 대한 담론에서,
솔론보다 크로이소스에게 가표(可票)를 던진다.
그리고 여전히 '먼지 쌓인 황금'을 송축한다.
그 결과 황금은 여전히 이 시대의 군주(君主)이다.

그 결과,
이 시대는,
가난도 죄(罪)가 되는 시대이다.

어느 순간부터 가난이 죄의 목록에 등재됐다.

이런 까닭에 사람들은 대부분 '죄인'의 신분이다.

단지 '먼지 쌓인 황금이 없다'는 '이상한 죄목'으로 말이다.

주머니 속 '황금의 중량'으로 개인의 가치가 평가되는 시대,

미학(美學) 철학자 한병철,

그는 저서 「피로사회」에서 말한다.

"현대인은 황금을 통한 행복을 창출하기 위해,

자신이 자신을 착취하는 시대를 산다.

그 결과 이 시대,

우울사회와 피로사회의 덫에 걸렸다"

위험한 세 개의 망(望)

삶을 무너뜨리는 것,

그것은 '세 개의 망(望)'이다.

욕망(慾望),

절망(絶望),

원망(怨望),

욕망은 삶에 '만족'을 죽인다.
절망은 삶에 '설렘'을 축출한다.
원망은 삶에 '감격'을 사라지게 한다.
이 위험을 간파했던 고대 그리스인들,
그 처방으로 '에우다이모니아'를 제시했다.

"때로는
 더 적은 것이
 더 많은 것이다"

고대 그리스인들,
그들은 욕망, 절망, 원망이 삶을 거대한 감옥에
수감시키는 극히 '심각한 폭력'임을 간파했다.
또한 거친 완력을 사용하지 않고도
삶에 치명을 입히는 이 '위험한 폭력'으로부터
삶을 응급해야 할 절실한 필요를 요청받았다.
이후 그들은 이 '잔인한 폭력'을 해체시킬
특단의 조치로 '에우다이모니아'를 제시했던 것이다.
이 에우다이모니아 철학에 깊게 공감한
극작가 아이스퀼로스는 그것을 이렇게 설명한다.

"에우다이모니아,

그것은,

욕망에 대한 날카로운 반역,

절망에 대한 이유 있는 도발,

원망에서의 품위 있는 망명이다"

이후 그리스인들,
에우다이모니아를 사는 사람을 '갈레네'라 존중했다.
갈레네란, 항해 중 만난 조난 속에서도,
깊이와 넓이를 갖춘 현명으로 위기 앞에서도
흔들리지 않는 견고한 사람을 말한다.
그리스인의 정서를 지배한 두 어휘,

갈레네,
에우다이모니아,

이것들의 '숭고함'에 감탄하다가
문득 '켈수스 도서관'이 기억난다.
켈수스 도서관은 기원후 135년,
로마 집정관 켈수스의 치적을 기념하기 위해
그의 아들 아퀼라가 에베소에 세운 도서관이다.

이곳에 소장된 것은 인문학 두루마리 12,000개 분량이다.
두루마리 한 개의 가치가 저택 한 채였음을 감안할 때,
이 도서관이 지닌 지위와 그 위용을 짐작할 수 있다.

사려 깊었던 아퀼라,
그는 켈수스 도서관을 건축할 때,
입구 정면에 '네 개의 여신상'을 배치했고
그 여신상 아래 음각으로 어휘 하나씩 새겨 놓았다.
그 '네 개의 어휘'는 향후 로마가 지켜 나가야 할
도덕적 가치 곧 '로마의 정신'을 상징했다.
그 '네 개의 가치'는 이것들이었다.

아레테 – 덕,
소피아 – 지혜,
엔노이아 – 성찰,
에피스테메 – 진리,

그렇다면,
이 네 개의 가치,
그것을 '하나의 어휘'로 함축하면 무엇일까?
그것은 '현명한 통찰'이다.

로마인들은 '현명'을 소유한 '통찰'이
미래의 로마를 지켜낼 '강한 힘'으로 본 것이다.
현명을 로마의 최정예 제 6군단의 군력보다
더 강력한 무기로 규정했던 그들의 정치적 식견,
아, 탄성(歎聲)이다.

현명(賢明),
젊을 때는 그 진가를 몰랐으나,
삶을 알아가면서 참 좋아진 단어이다.
재치보다 깊고 영악보다 품위 있는 현명,
혹 이런 것이 아닐까?

"아름다운 무지개도 매일 떠오르면,
 더 이상 사람들이
 그 무지개를 쳐다보지 않는다는 사실을 아는 것.

 그대가 한 어떤 탁월한 생각,
 그것은 이미, 그 누군가가 했던 생각이라고 받아들이는 것.

 자기 스스로가 필요한 것에 대해서는
 조금밖에 모르고,

필요 없는 것에 대해서는
너무 많이 알고 있다는 사실에
깜짝 놀라는 것.

모든 사람을 다 만족시킬 수는 없지만,
모든 사람이 다 만족하지 못했다면,
이게 '큰일 난 것'임을 직감하는 것.

부끄러움을 모르는 것이 부끄러움이며
위험을 모른 것이 진짜 위험하다는 것을 아는 것"

이 가운데,
특히 위험과 위기를 예측하는 힘,
이것이 '현명한 예지(叡智)'가 아닐까?

예지를 내장(內藏)한 현명,
그것은 어떤 무기보다 '강력한 힘'이다.
예지 없는 무지한 사람은 위험을 '간과'한다.
예지 잃은 오만한 사람은 위험을 '무시'한다.
사실 '위험하다는 것'을 모르는 것보다
더 '위험한 것'이 지상에 있을까?

위험, 어리석은 자는 보지 못하는 것

위험,
이것에 대해 생각해 본다.
호메로스의 「오디세이아」 제 9권,
이곳에 '로투스를 먹은 사람들'이 나온다.

10년에 걸친 트로이 전쟁,
그리스와 트로이의 많은 영웅을 죽게 한다.
이 길고 참혹한 전쟁은 오디세우스의 제안에 따라
건축가 에페오스가 이데 산(山) 목재로 만든
트로이 목마 전략으로 그리스 승리로 끝난다.

드디어 10년 만에 아내 페넬로페와
아들 텔레마코스가 있는 이타케로 출항한다.
승리한 오디세우스의 가슴 벅찬 귀향,
그러나 트로이의 신전을 모독했다는 이유로
트로이를 후원하던 신들의 방해를 받는다.
오디세우스의 항해는 수많은 난관에 부딪친다.

죽음의 노래를 부르는 사이렌,

사람을 돼지로 만드는 키르케,

육체의 쾌락으로 자신을 붙드는 칼립소,

이런 일들로 인하여,

오디세우스의 귀향은 한없이 지체된다.

항해 중이던 어느 날,

오디세우스는 로토파고이족(族)의 땅에 도착하고,

양식을 위해 부하들을 육지로 보내 탐색을 명한다.

그러나 어쩐 일인지,

며칠이 지나도 그들이 돌아오지 않는다.

불길한 예감을 감지한 오디세우스,

그들을 찾기 위해 무기를 들고 육지로 올라간다.

얼마 후 그곳에 도착한 오디세우스,

아, 그런데 이것이 웬일이란 말인가?

자기의 염려와는 달리 부하들이 아무 일 없는 듯

행복하게 지내고 있는 것이 아닌가?

이 불행한 신비의 비밀,

그것은 뜻밖에도 '로투스 열매' 때문이었다.

위기를 느낀 오디세우스는 강제로 부하들을 끌어내

배에 승선시킨 후 급히 그곳을 떠난다.

로투스 열매,

그것은 무엇인가?

로투스는 지중해 연안에 서식하는 연꽃이다.

이파리의 향기와 맛이 지상 극치이다.

어부와 상인들이 오랜 항해에 지친 몸을

회복하기 위하여 즐겨 먹던 식물이었다.

그러나 이 열매를 과용하면,

현실을 망각하고 몽환적 상상에 젖다가

결국 서서히 죽어가는 것이다.

로투스 열매는 일종의 마약이었다.

그것도 아주 치명적인 환각제였다.

부하들은 연꽃 열매가 주는 미향(美香)에 취해

그 '위험을 모른 채' 지금 행복해 한다.

위험을 모르는 것,

그것이 '진짜 위험'이다.

그렇다면,

세상에서 '가장 위험한 단어'는 무엇일까?

혹 무지, 가난, 전쟁이 아닐까?

모두 맞는 말이다.

이 모두 '위험한 단어'가 틀림없다.
그러나 이보다 더 '위험한 단어'가 있다.
그것은 바로 '중독(中毒)'이다.

중독, 그 달콤한 질환(疾患)

중독의 위험,
그것은 '통증 없이 죽게 하는 맹독'이다.
오디세우스의 부하들이 맛본 로투스의 중독,
그것은 트로이 전쟁에서 반드시 살아남아
가족이 있는 고향으로 돌아가야 한다는 갈망,
그래서 10년 동안 트로이 전쟁을 견디게 해 준
생(生)의 의지조차 강제로 기억에서 삭제시켜
망각에 머물게 했다.

망각(忘却),
그것은 '기억의 죽음'만이 아니라
지금 '해야 할 것에 대한 의무의 죽음'이다.
곧 망각은 '존재의 죽음'이다.
그 치명적 위험인 망각을 삶에 유입시키는

지독한 악(惡)이 '중독'이다.

"허트 로커",
이라크 전쟁 당시, 죽음보다 '더 두려운 죽음'인
폭발물 제거반(Eod)의 행적을 그린 영화이다.
여성 감독 캐서린 비글로우가 연출한 이 영화,
〈뉴욕타임즈〉 이라크 특파원 크리스 헷지스의
기사(記事)를 자막으로 올리며 시작된다.

"전투의 격렬함은 마치 마약과 같아서
 종종 빠져나올 수 없을 정도로
 깊게 중독된다"

사람이 사람을 살상(殺傷)하는 전쟁,
최악의 참상인 그 전쟁조차도
마약 같은 '쾌락'을 '중독'으로 안겨 준다는 말,
참 두렵다.

중독,
그것은 '지독한 악'일 뿐만 아니라
또한 '지겨운 악'이다.

그래서 '죽어서야' 멈추는 것,
그것이 '중독'이다.

중독은 지금도 불멸(不滅)을 사는 '현재(現在)'이며,
우리 곁에서 여전히 맹위를 떨치는 '현역(現役)'이다.

이제 문학에서 '중독'을 본다.
셰익스피어의 희곡 "맥베드"(1605),
그 작품 속의 맥베드와 그의 아내,
그들이 만약 맥도널드의 반란을 제압한 후
운명의 세 여신이 들려준 달콤한 예언,

"당신은 반드시
 이 나라 국왕이 될 것이오"

아름다우나 위험한 이 예언,
맥베드가 그것을 단호히 거절했다면
이후 그를 삼킬 거대한 비극은 멈춰졌으리라.
그러나 이 예언에 도취한 맥베드는
그 예언을 현실로 만들기 위해
아내와 공모하여 국왕 '던컨'을 살해한다.

이어 운명의 여신들로부터 그날 자신과 똑같은
예언을 받은 오랜 벗 뱅코우까지 암살로 제거한다.
그 예언을 독식하기 위해서였다.

이후 국왕에 오른 맥베드,
전임 왕을 살해한 죄의식에 시달리며
정사(政事)에 전념하지 못한다.
결국 맥베드 자신도 실정(失政)의 죄목으로
혁명군 맥더프에게 살해되는 참극을 맞는다.
맥베드의 불행,
그것은 권력과 야망이라는 '중독'이었다.

붉은 손과 하얀 손 🌿

오늘날,
사람들은 무언가에 '중독'된 채 살아간다.
특히 증오, 거짓, 욕망, 게으름에 중독되어 살아간다.
그렇다면 가장 '위험한 중독'은 어떤 것인가?
그것은 '이기심'이다.
그렇다.

모든 사람을 '타인'으로 규정하며 사는
그 '차가운 악'인 '이기심',
그것은 현존하는 가장 무서운 중독이다.

고대 그리스인,
그들은 손을 '두 종류'로 규정했다.

붉은 손,
하얀 손,

붉은 손,
그것은 '사람을 죽이는 손'이다.
하얀 손,
그것은 '사람을 살리는 손'이다.

요한복음 13장,
이곳의 가룟 유다,
그는 '붉은 손'을 지닌 사람이었다.
예수 그리스도와의 단절을 증명하기 위해,
수치스런 '노예 몸값'인 은 30으로
유대 당국과 거래하여 그분을 넘겨 죽게 한다.

가룟 유다의 손,

그것은 이기심에 중독된 '붉은 손'이었다.

사도행전 9장,

이곳의 다비다의 손,

그녀의 거처인 욥바는 항구도시이다.

그런 이유로 '생의 터'가 지중해 바다이다.

그 결과 조업 중 바다에서 목숨을 잃는 일이 많았다.

특히 욥바에는 남편을 잃어버린 여인들이 많았다.

욥바의 가난한 여인을 보며 아파했던 다비다,

그녀는 '바늘과 실'을 준비한다.

그리고 '바늘과 실'로 여인들의 속옷과 겉옷을 만들어 준다.

다비다의 손에 들린 작고 작은 바늘과 실,

그러나 그 작은 도구는 욥바 여인들에게 희망을 준다.

다비다의 손,

그것은 이기심을 제압한 '하얀 손'이었다.

이런 상상을 해 본다.

만약 초강대국들이 지금,

국방 예산 1퍼센트만 삭감하면 어떤 일이 일어날까?

전쟁? 아니다,
오히려 '축제'가 벌어질 수 있다.

그 1퍼센트 비용,
그것을 가난한 사람들에게 돌릴 수만 있다면,
빈곤, 질병으로 '3초'마다 한 명씩 사망하는 아이,
그래서 하루에 3만 명의 아이를 '차가운 땅'에 묻는
어머니들의 눈물을 '지금 바로' 멈추게 할 수 있다.

그 1퍼센트의 나눔,
그것으로 매년 5세 미만 1천만 명 어린아이들이
전염병, 오염된 식수 때문에 목숨을 잃는
이 참혹한 현실을 호전시킬 수 있으며,
매일 굶주림과 영양 결핍으로 외로이 죽는
3,600만 명이 하루 양식을 얻을 수 있다.
그러나 이 시대, 그 1퍼센트조차 나누지 못하고 있다.
독(毒)한 이기심에 잡힌 '붉은 손'이기 때문이다.

"이기심,
 그것은 나머지 1퍼센트까지
 붙잡고 놓지 않는 인색이다"

그대가 하늘로부터 받은 복의 총량(總量),
그 가운데는 '이웃의 몫'이 포함되어 있다.
이런 까닭에,
그대의 복이 '전부 내 것'이라 강변해서는 안 된다.

이기심,
이 '붉은 손'을 생각할 때마다 읽는 시,
다니카와 슌타로의 시집 「사과에 대한 고집」이다.
이 시집 중 "영혼의 가장 맛있는 부분"의 일부이다.

"신이 땅과 물과 햇빛을 주고
 땅과 물과 햇빛이 사과나무를 주고
 사과나무가 빨갛게 익은 사과를 주고
 그 사과를 당신이 나에게 주었다
 부드러운 두 손바닥에 싸서
 마치 세계의 기원 같은 아침 햇살과 함께

 그래서 당신은
 자신도 모르는 새
 영혼의 가장 맛있는 부분을 나에게 주었다"

시인에게 있어,
지금의 내게 있는 모든 것,
모두 신(神)으로부터 받은 '그것'을,
이 대지가 수고하여 만든 '또 다른 그것'을
그 누군가가 채취한 후,
그것을 내게 주어 '그냥' 받은 것이었다.
그래서 시인은 지금 '내 손에 들려 있는 그것'을
지상에서 '가장 맛있는 부분'이라고 감탄한다.

단테의 「신곡」 지옥 편 제 31곡,
단테는 그곳을 지나가다가 맹렬한 추위 속에서도
움직임 없이 가만히 서 있는 무리를 보게 된다.
그들이 서 있던 곳은 지옥에서 유일하게
추운 곳이라 불리는 '코키토스 호수'였다.
그들은 추위에 얼어붙은 채 맨발로
호수 위에 영원히 '서 있는 고통'을 당하고 있었다.
그 이유를 그들이 말한다.

"우린 여기 오기 전,
 타인의 불행에 눈감은 자였소.
 우리의 관심은 내 행복뿐이었소.

우린 그것이 이기심인 줄 몰랐소.

우리가 타인의 불행에 눈감으니

신(神)도 우리의 불행에 눈을 감았소"

얼음 호수 코키토스,
그 위를 맨발로 서서,
영원히 끝나지 않는 고통을 겪어야 하는 그들,
그것의 이유는 오직 '이기심의 중독'이었다.
이 사람들,
시인이 말한,
영혼의 가장 맛있는 부분을 부드러운 손으로
그 누구에게 드려본 적 없는 '붉은 손들'이었다.
그렇다면,

중독,
그것을 치유할 항체(抗體)는 없는가?
불행히 아직은 없다.
다만 '중독'에 '중독'되지 않는 것,
그것만이 현재, 처방 가능한 '유일한 항체'이다.
2세기 로마 시인 유베날리스는 말한다.

"습관, 그것은 중독 자체이며,
모든 중독의 시작이다"

| 에필로그 |

희망도 가끔은 절망한다

가짜가
진짜에게
다가와 말했다.

"너도
 요즘,
 날 닮는구나"

순간, 침묵했다.
알 수 없는 이 패배감,
이것은 왜일까?
묵언 속에 고개 숙인 그 때,

아, 정전(停電)이다.
아직 하지(夏至)의 여광(餘光),
그 흔적이 대지 곳곳에 남아 있는
6월 저녁 늦은 8시인데,
예고 없는 뜻밖의 정전(停電)이다.

정전(停電)과 함께
모든 것이 정지(停止)됐다.
지구의 자전(自轉)까지 멈춘 듯
모든 것이 한순간에 '고요'에 묶인다.
순간, 죽음을 흉내 낸 침묵이 뒤따른다.
결국 읽던 기형도 시집을 덮어야 했다.

정전(停電),
그것은 주위의 빛을 빨아들인 듯
그 어떤 '밝음'의 흔적조차 허용하지 않는다.
오히려 별빛조차 지워버릴 '탁한 어둠'을 쏟아낸다.
평소 늦은 8시에 맞이하는 '그 밤'이 아니다.

문득,
정전(停電)이 만든 어둠과
일몰(日沒)이 만든 어둠이

이렇게 다를 수 있다는 사실에 놀란다.
불현듯 알 수 없는 '불안'이 잠입한다.

그런데,
이 정전(停電),
삶에도 기습(奇襲)으로 온다.
이 정전(停電)이 감사에 깃들면,
생(生)은 지독한 불만으로 일그러지고
이 정전(停電)이 신뢰에 엄습하면,
삶은 뾰족한 의심으로 널뛰며 멀미한다.

삶의 정전(停電)은 생의 표정을
우울한 재색(灰色)으로 재편(再編)한다.
특히 희망의 정전(停電),
그것은 삶에 치명을 가하는 폭거이다.
슬픈 것은,
그 희망의 정전(停電)이
내 곁 측근까지 당도했다는 것이다.

"오늘,
 저 절망에게
 내 안에 희망이 없음을 들켰다"

이는 타계(他界) 얼마 전,
시인 김수영이 남긴 최후 언어이다.
거짓이 진실을 제압하는
이 암울한 시대를 목격한 시인,
이 영민한 시인도,
희망을 진압한 절망의 시위(示威) 앞에서는
한없이 '작은 아이'였던가 보다.

희망,
그것은 지상에 남은
마지막 하늘 언어이다.
절망을 가격(加擊)할 수 있는
이 땅 유일의 '반격 수단'이기 때문이다.

그런데, 그 희망이
이 대지에서 종적을 감췄다.
그나마 아직 소수(少數)의 가슴에
살아남아 '잔 호흡'으로 연명하던
그 희망마저 '가녀린 한숨'을 쉬고 있다.
희망마저 한숨을 쉬다니,
참 애절(哀切)이다.
희망의 위축,

그 이유를 시인 괴테는 말한다.

"희망은 고운 가루,
 절망은 거친 모래알이다.

 그래서
 희망은 지쳐도
 절망은 지치지 않는다"

희망이 숨을 거두는 것,
이것이 절망(絶望)이다.
이런 이유로,
절망(絶望)은 절명(絶命)만큼 위험하다.
사색가 벤자민 프랭클린은 말한다.

"사람들은
 스물다섯 이후에는
 그냥 유령처럼 산다"

스물다섯 이후,
가슴을 뒤흔들 갈망, 투혼 같은
희망의 착한 어휘를 잃고 사는 삶,

그것은 '유령처럼 사는 삶'이 맞다.

문득,
작가 마크 헬프린, 그의 소설 「윈터스 테일」 속,
악마 펄시 솜스의 발언이 스쳐간다.

"그대는 아는가?
 내가 도저히 참을 수 없는 두 가지를.
 하나는 인간이 '희망'을 갖고 사는 것이며,
 다른 하나는 인간에게 '기적'이 나타나는 것이다.
 나는 인간이 '희망'과 '기적'을 결코 소유하지
 못하도록 끝까지 달려가 부숴 버릴 것이다"

악마가 사람을 제압하는 두 무기,
그것은 희망을 포기하게 하는 것,
기적을 믿지 못하도록 하는 것이다.
참 두렵고 무서운 일이다.

그러나 하나 알았다.
그것은 '희망의 부재'가
단지 '희망만의 부재'가 아닌,
곧 '생(生)의 부재'라는 사실을 말이다.

인생에서 가장 무서운 질병,
그것은 '정신의 노화(老化)'이다.
생각이 민첩과 예민을 상실한 정신의 노화,
그것은 생(生)을 경질(硬質)로 편입한다.

절망,
그것은 정신을 노화(老化)시키는 균이다.
삶이 붙잡고 있는 '꿈'이라는
소박한 가능성조차 분말(粉末)로 흩어지게 하는
매우 '차가운 폭력'이기 때문이다.
잠시 우울해진다.

이때 나를 찾아온 카뮈의 글,
이것에 11월 박빙(薄氷)을 깨고
길어 올린 '찬물' 같은 위로를 순간 받는다.

"가을은
 모든 낙엽이
 꽃이 되는 두 번째 봄이다"

자신의 일생이 절망에 결박되었던 카뮈,
그래서 그것의 위험을 간파했던 카뮈,

이런 이유로,
절망으로 지친 이 대지에게
낙엽을 꽃으로 이해하면서,
아직 희망이 살아 있다는 그 '생존 사실'을
긴급 속보로 타전(打電)하려 했었을 것이다.

지금은
희망도 가끔 절망을 하는 시대,
여린 두 손을 서재로 옮겨,
시인 조용미의 "소나무"를 읽는다.

"번개가
 소나무를 휘감으면서
 내리쳤으나

 나무는
 부러지는 대신
 번개를 삼켜 버렸다"

번개에 맞아도 재(灰)가 되지 않고
오히려 번개를 삼켜 버린 나무,
그것은 '불을 이긴 나무'이다.

나무가 천적(天敵) 불을 이겼다.

그것도 여유롭게 말이다.

시인은 '불을 삼킨 이 나무'를 통해,

절망에 대한 희망의 '거룩한 분투'를 독려한다.

지금,

절망의 외길에서

거친 숨결로 벼랑을 사는 그대,

그래서 참 힘겨워,

퇴보(退步)의 뒷걸음을 고민할 때,

그대여,

잠시 한탄을 멈추고

희망이라는 천국 어휘가

아직 그대 곁에서 '생존'해 있음을 기억하라.

봄을 이기는 겨울이 없듯,

희망을 이기는 절망이

아직까지는

이 대지에 없다는 사실도 함께 말이다.

삶이 슬프다 사람이 아프다
사랑이 위독하다

초판인쇄 • 2017년 4월 5일
초판발행 • 2017년 4월 10일

지은이 • 김겸섭
발행인 • 임용수
대표 • 조애신
책임편집 • 설지원
편집 • 이소정
디자인 • 임은미
마케팅 • 전필영
온라인마케팅 • 고태석
경영지원 • 김정희, 조창성

발행처 • 도서출판 토기장이
주소 • 서울시 마포구 망원로 26 토기장이 B/D 3F
출판등록 • 1990년 10월 11일 제2-18호
대표전화 • (02) 3143-0400
팩스 • (02) 3143-0646
E-mail • tletter@hanmail.net
www.facebook.com/togijangibook

ⓒ 김겸섭 2017

• 이 책은 저작권법에 의해 보호를 받는 저작물이므로
  무단 전재와 무단 복제를 금합니다.
• 잘못된 책은 교환하여 드립니다.

ISBN 978-89-7782-376-1

값 13,000원

"우리는 진흙이요 주는 토기장이시니
우리는 다 주의 손으로 지으신 것이라"
(이사야 64:8)

「이 도서의 국립중앙도서관 출판예정도서목록(CIP)은 서지정보유통지원시스템
홈페이지(http://seoji.nl.go.kr)와 국가자료공동목록시스템(http://www.nl.go.kr/
kolisnet)에서 이용하실 수 있습니다.(CIP제어번호: CIP2017007753)」